최신 기출을 완벽하게 반영한

토익 스파킹
실전 모의고사 15회

Stella 지음

정답 및 해설
★★★
스텔라 쌤의 파트별 필수 공략법

JN386573

MP3 바로가기

넥서스

Actual Test 정답 및 해설

- **Actual Test 01**
- **Actual Test 02**
- **Actual Test 03**
- **Actual Test 04**
- **Actual Test 05**
- **Actual Test 06**
- **Actual Test 07**
- **Actual Test 08**
- **Actual Test 09**
- **Actual Test 10**
- **Actual Test 11**
- **Actual Test 12**
- **Actual Test 13**
- **Actual Test 14**
- **Actual Test 15**

MP3 바로가기

Actual Test 01

⇒ 문제지 P10

Questions 1-2

Answer_01_01~02

♪ 올려 읽기, ↘ 내려 읽기, / 끊어 읽기,
볼드체 강조하기, ___ 연음, ▨ 강세

Question 1

This is **Jack**.↘ // Here's the **weather forecast**.↘ // We have beautiful weather here / for **this weekend**.↘ // We will have sunny skies♪ / and **highs**♪ will be above **26℃ overnight**.↘ // But **temperatures** are **dropping down** / into the **-2℃**.↘ // And we have **got big changes** ahead / for the upcoming work week starting tomorrow.↘ // By **Thursday**,♪ / **temperatures** may not get out of the **thirties**.↘ // These hot summer temperatures will **remain** / for a **couple** more **days**.↘ //

잭입니다. 일기예보를 알려 드리겠습니다. 이번 주말엔 날씨가 좋습니다. 하늘은 맑고, 최고 기온은 밤사이 섭씨 26도까지 올라갈 것입니다. 그러나 기온이 영하 2도까지 뚝 떨어지고 내일부터 다음 주까지 기온이 크게 변하겠습니다. 목요일쯤에는 기온이 30도 대에서 벗어나지 못할 것입니다. 이러한 무더운 여름 기온이 며칠간 계속될 것입니다.

weather forecast 일기 예보 **highs** 최고 기온

Question 2

Welcome to **Commonwealth** Bank's orientation for new employees.↘ // I am **Max Chow**,↘ / and I am the **CFO** of the **bank**.↘ // It is an **honor** for me to **introduce** the **bank's vision** for **2013** to you.↘ // We have been **leading** the **financial field**♪ / for the past 10 years in a **row**.↘ / I am **sure** you will **grow** along with the **bank**.↘ // In just a **moment**,♪ / your **trainers** will **distribute** the **schedule** / for this week's training.↘ //

커먼웰스 은행의 신입 사원 오리엔테이션에 오신 것을 환영합니다. 저는 맥스 초우이고 은행의 재무 담당 최고 책임자입니다. 우리 은행의 2013년 전망을 소개하게 되어 매우 영광입니다. 지난 10년 연속 우리 은행은 금융 분야의 선두 주자로 자리매김해 왔습니다. 사원들 모두가 은행과 함께 성장할 것을 자신합니다. 잠시 후에 교육 담당자들이 이번 주 교육 일정을 나눠 드릴 것입니다.

CFO 재무 담당 최고 책임자 **financial** 금융의 **field** 분야 **in a row** 잇달아 **distribute** 나누어 주다

Question 3

Answer_01_03

30초 준비 시간 활용하기

장소	in a square of a mall
중심 대상	in the center, a man in a black jumper, standing in front of a stall, displaying goods, bending over the stall
주변 대상	on the right, a man looks like a cleaner, wearing a beige cap, looking down, holding a broom and dust pan, to pick up trash, walking across
마무리	early morning, few people, quiet, clean

45초 답변하기

I think this picture was taken in a square of a big mall. In the center of the picture, a man in a black jumper is standing in front of a stall. I think he is displaying something like jewelry to sell. He is slightly bending over the stall. [Level 7 추가 답안] On the right side of the picture, a man who looks like a cleaner is wearing a beige cap. He is looking down at the floor. He is holding a broom and dust pan. I think he is looking for trash on the floor to pick up. He is walking across the square. It might be early morning because there are few people. This place looks so quiet and clean.

제 생각에 이 사진은 큰 쇼핑몰의 광장에서 찍힌 것 같습니다. 사진의 가운데에 검은색 점퍼를 입은 남자가 좌판 앞에 서 있습니다. 그는 보석 같은 것을 팔기 위해 진열하고 있는 것 같습니다. 그는 가판대로 몸을 살짝 숙이고 있습니다. 사진의 오른쪽에 청소부로 보이는 한 남자가 베이지색 야구 모자를 쓰고 있습니다. 그는 바닥을 내려다보고 있습니다. 그는 빗자루와 쓰레받기를 들고 있습니다. 바닥의 휴지를 주우려고 찾고 있는 것 같습니다. 그는 광장을 가로지르고 있습니다. 사람이 얼마 없는 것으로 보아 아마도 이른 아침인 것 같습니다. 이곳은 아주 조용하고 깨끗해 보입니다.

square 광장 **vendor** 노점상 **bend** 숙이다 **stall** 가판대 **cleaner** 청소부 **broom** 빗자루 **dust pan** 쓰레받기

Questions 4-6

📀 Answer_01_04~06

내레이션 시간 활용하기

주제: 여행 가방

a travel bag, a fabric bag, black, hardly get dirty

Question 4

당신은 주로 여행 가방을 어디서 구입하나요?

15초 답변하기

I usually buy a travel bag at a department store, because it has many bags and a choice of colors, size and brands. [Level 7 추가 답안] It is a perfect place to find a suitable one for any purpose.

저는 주로 백화점에서 여행 가방을 삽니다. 그곳에는 색깔과 크기, 상표가 다양한 가방이 있기 때문입니다. 그곳은 어떤 목적이든 알맞은 것을 찾기에 아주 좋은 장소입니다.

fabric 천 **suitable** 적합한

Question 5

당신은 새 가방과 중고 가방 중 어느 것을 사고 싶은가요?

15초 답변하기

I want to buy a new one. I usually buy a fabric bag. A used fabric bag looks worn out and old. [Level 7 추가 답안] It means a new one is more likely to look good. Also, I can use it longer as it is new.

저는 새 가방을 사고 싶습니다. 저는 주로 천 가방을 사는데, 쓰던 천 가방은 낡고 오래되어 보이기 때문입니다. 다시 말해, 새 가방은 좀 더 좋아 보이는 경향이 있습니다. 또한, 새것인 만큼 그것을 오래 쓸 수 있습니다.

wear out 낡아서 떨어지다

Question 6

당신은 여행 가방을 살 때 무엇을 가장 먼저 고려하나요? 색상, 크기, 가격

30초 답변하기

I consider color first when I buy a travel bag. I like the color black because it hardly gets dirty. [Level 7 추가 답안] Bags easily collect dust and dirt during trips. However, these things are not noticeable on a black one. It allows me to use a bag with less worry.

여행 가방을 살 때 저는 색깔을 가장 먼저 고려합니다. 저는 먼지가 잘 타지 않기 때문에 검은색을 좋아합니다. 여행 중에 가방은 쉽게 더러워집니다. 그러나 검은색 가방은 이런 것들이 눈에 띄지 않습니다. 그래서 저는 가방을 좀 더 편하게 쓸 수 있습니다.

hardly 거의 ~아니다 **noticeable** 뚜렷한

Questions 7-9

📀 Answer_01_07~09

30초 준비 시간 활용하기

❶ 기본 정보: 영업부 크리스 리의 출장 일정표

출장 일정표

❺ 숙소: 모두 호텔에 머뭄

HSC 사 영업부, 크리스 리

출발지	출발일	도착지	도착일	비행기/ 기차	숙소
런던	10월 23일	뉴욕	10월 24일	UK 항공 AF 343	브로드웨이 호텔
뉴욕	10월 26일	시카고	10월 26일	급행열차	시카고 아트 호텔
시카고	10월 29일	홍콩	10월 30일	퍼시픽 항공 QE 304	힐사이드 호텔
홍콩	11월 4일	런던	11월 5일	UK 항공 AB 349	

❷ 출발지와 도착지: 런던을 출발해 뉴욕, 시카고, 홍콩을 거쳐 런던으로 돌아오는 일정

❸ 출발일과 도착일: 10월 일정 3개 + 11월 일정 1개

❹ 비행기, 기차: 비행기 일정 3개 + 기차 일정 1개

• 모든 호텔이 공항에서 호텔까지 무료 셔틀 버스를 운행합니다.
• 최종 일정 관련 확정 전화를 최소 출발 일주일 전에 주시기 바랍니다. 일정 변경 사항은 전화로 통보해 주시기 바랍니다. (내선 986)

❻ 추가 정보: 모든 호텔 셔틀 버스 제공, 최종 일정과 변경 방법

Hi, this is Chris Lee from the HSC Company Sales Department. I received my itinerary yesterday, but I can't find it anywhere. I want to go over my schedule with my manager. Could you answer a few questions?

안녕하세요. 저는 HSC 사 영업부의 크리스 리입니다. 제가 어제 일정을 전달받았는데, 어디에 있는지 찾을 수 없습니다. 부장님과 일정을 검토하고 싶은데, 제 질문에 답변해 주실 수 있을까요?

itinerary 여행 일정표 **departure** 출발 **destination** 도착지 **accommodation** 숙소 **express train** 급행열차 **prior to** ~에 앞서 **notification** 통지 **go over** ~을 검토하다 **extension** 내선 번호

Question 7

How many days will I be staying in Hong Kong?

제가 홍콩에 며칠 동안 머물게 되나요?

15초 답변하기

You will be staying in Hong Kong from October 30th to November 4th. [Level 7 추가 답안] You will stay at the Hillside Hotel during your trip in Hong Kong.

당신은 10월 30일부터 11월 4일까지 홍콩에 머물 것입니다. 홍콩 여정 동안에 힐사이드 호텔에 머물 것입니다.

Question 8

I think my clients will pick me up at the airport in each country. Is it correct?

제 생각에 나라마다 의뢰인이 저를 공항으로 태우러 오지 않을까 합니다. 맞습니까?

15초 답변하기

I'm sorry, I can't find that information on your itinerary. [Level 7 추가 답안] However, you can use the hotel's free shuttle buses from the airport to the hotel.

죄송합니다만, 그런 정보는 일정표에서 확인되지 않습니다. 하지만 공항에서 호텔까지 호텔의 무료 셔틀 버스를 이용하실 수 있습니다.

Question 9

I can only remember the London return date. Please go over the details of my business trip itinerary.

저는 런던으로 돌아오는 일정만 기억하고 있습니다. 출장 일정에 대해 세부 사항을 말씀해 주십시오.

30초 답변하기

Beginning October 23rd, you will stop in three cities. You fly from London to New York on UK Air AF 343. You leave New York by Express Train, arriving in Chicago on October 26th. On October 30th, there is the flight bound for Hong Kong. You will depart Chicago on October 29th, landing in Hong Kong on October 30th. [Level 7 추가 답안] Your accommodations are at the Broadway Hotel, the Chicago Art Hotel and the Hillside Hotel.

10월 23일부터 3개의 도시에 체류하실 예정입니다. 런던에서 뉴욕으로 가실 때 UK 항공의 AF 343을 이용하실 것입니다. 급행열차로 뉴욕을 떠나 10월 26일 시카고에 도착하십니다. 10월 30일은 홍콩행 비행 일정입니다. 10월 29일 시카고를 떠나 10월 30일 홍콩에 도착하실 것입니다. 머무실 호텔은 브로드웨이와 시카고 아트, 힐사이드입니다.

bound for ~행의 **depart** 떠나다 **land** 도착하다

Question 10

Answer_01_10

Hi, this is Alicia Miles from the marketing department. As you know, our company will launch a new shampoo next month. I believe this product will attract many customers after its release. Unfortunately, we may not make a large profit because we are a newcomer in the hair product market. In addition, we are not well known among customers. I don't know how to promote this new product. That's why I'm asking for your advice, as you are our sales director. I hope you have many useful ideas for promotion strategies. Please contact me as soon as possible at extension 513. Thank you.

안녕하세요, 마케팅 부서의 엘리샤 마일스입니다. 아시다시피 회사에서 다음 달에 새로운 샴푸를 출시합니다. 이 상품이 출시 후에 많은 고객들을 끌어모을 수 있을 것이라고 생각하지만, 안타깝게도 우리가 모발 제품 시장에 처음 발을 들이는 것이라 큰 수익을 못 낼지도 모릅니다. 게다가 우리 회사는 고객들 사이에서 잘 알려져 있지 않습니다. 저는 이 신제품을 어떻게 홍보할지 모르겠습니다. 그래서 영업 부장님께 조언을 구하려고 합니다. 부장님께서 홍보 전략에 대한 유용한 아이디어를 갖고 계실 것이라 기대합니다. 내선 번호 513번으로 가능한 한 빨리 연락 주십시오. 감사합니다.

launch 출시하다 **release** 출시 **newcomer** 신참 **promote** 홍보하다 **strategy** 전략

30초 준비 시간 활용하기

전화 건 사람	Alicia Miles from the marketing department
나의 신분	sales director
문제점	We are a newcomer in the market.
요구 사항	how to promote this new product
해결책	organize a launch event to reveal the new product
추가 설명	then give away free samples to all the customers

60초 답변하기

Hello, Ms. Miles. This is Ronnie Bradley calling you back. I listened to your message saying you need ideas on how to promote our new shampoo. I understand we might not earn a lot of money after releasing the hair product next month. That's because we are a newcomer in the market and many people don't know our company. Please don't worry. I have a suggestion for you. I suggest you organize a launch event to reveal the new product and then give away free samples to all the customers. That way, they will understand how good the shampoo is for their damaged hair. I think it would definitely help make a good impression on people. [Level 7 추가 답안] Otherwise, why don't we attach a discount coupon on each item? These days we are in the middle of an economic crisis; it makes people sensitive to prices. The more we offer goods at lower prices, it will be easier to attract new customers and sell more items. As we sell more and more, we can expect higher sales figures. If you want to speak more about this, please feel free to call me anytime. Good luck to you. Bye.

안녕하세요, 마일스 씨. 로니 브래들리입니다. 메시지 잘 받았습니다. 우리의 새 샴푸를 어떻게 홍보하면 좋을지 아이디어가 필요하다고 하셨지요. 우리가 다음 달 이 모발 제품을 출시한 후 수익을 많이 내지 못할 것 같다는 점 이해합니다. 왜냐하면 우리는 시장에 첫발을 뗀 것이고 많은 사람들이 우리 회사를 잘 모르니까요. 걱정하지 마세요. 제가 제안해 드리지요. 이 신제품을 보여 주고 무료 샘플을 모든 고객에게 나누어 주는 제품 출시 이벤트를 마련하는 것이 어떨까 합니다. 이 방법으로 고객이 이 샴푸가 손상된 모발에 얼마나 좋은지 알게 될 겁니다. 사람들에게 분명 좋은 인상을 줄 것 같습니다. 그렇지 않으면, 모든 제품들에 할인 쿠폰을 붙이는 건 어떨까요? 요즘 경기가 안 좋아서 많은 사람들이 가격에 민감합니다. 상품을 낮은 가격에 제공할수록 새로운 고객을 유치하고 더 많이 팔기가 쉬워질 것입니다. 우리가 더 많이 팔수록 더 높은 매출을 기대해 볼 수 있겠지요. 더 논의하고 싶으면 언제든지 전화 주세요. 행운을 빕니다. 안녕히 계세요.

reveal 드러내다 give away 나누어 주다 damaged 손상된 make an impression on ~에게 인상을 주다 attach 붙이다 economic crisis 경제 공황 sensitive 예민한 sales figures 매출액

Question 11

몇몇 기업들은 생산성을 높이기 위해 경험 없는 젊은 사원들보다 경력 사원을 채용하기를 선호합니다. 당신은 어느 쪽을 선호하며, 그 이유는 무엇입니까? 자신의 의견을 뒷받침할 수 있는 구체적인 이유나 예를 들어 주세요.

15초 준비 시간 활용하기

선호하는 것	hire young and inexperienced workers
이유	They are enthusiastic.
설명/예시	They motivate others to work hard.

60초 답변하기

I prefer to hire young and inexperienced workers rather than experienced workers in order to increase productivity. There are several reasons to support my opinion. First of all, young and inexperienced employees tend to be very enthusiastic. Most of them are full of passion, so they are willing to dedicate themselves to their work. As a result, they can motivate their coworkers and improve company productivity. [Level 7 추가 답안] Secondly, they come up with brilliant ideas and marketing strategies. To be specific, I believe young people see the world in a unique and creative way. That means they bring new energy into the workplace. I think their creative minds help produce innovative products and raise productivity. Based on this reason, I prefer to hire young and inexperienced employees rather than skilled workers to increase productivity.

저는 생산성을 높이기 위해 경력 사원보다 젊고 경험이 부족한 사원들을 뽑는 것을 선호합니다. 제 의견을 뒷받침할 몇 가지 이유가 있습니다. 첫째, 젊고 경험이 부족한 직원들은 아주 열정적인 경향이 있습니다. 대부분이 열정으로 가득 차서 기꺼이 자기 일에 헌신합니다. 그 결과, 그들은 동료 직원들에게 동기 부여를 하고 회사의 생산성을 높일 수 있습니다. 둘째, 그들은 번뜩이는 아이디어와 마케팅 전략을 생각해 낼 수 있습니다. 구체적으로 말하자면, 저는 젊은 사람들이 세상을 독특하고 창의적으로 본다고 생각합니다. 그 말은 그들이 직장에 새로운 에너지를 가져다 줄 것이라는 뜻입니다. 저는 그들의 창의적인 생각이 혁신적인 제품을 생산하고 생산성을 높이는 데 도움을 줄 것이라고 생각합니다. 이러한 이유로 저는 생산성을 높이기 위해 숙련된 직원

들보다 경험 없는 젊은 직원을 더 채용하고 싶습니다.
inexperienced 경험이 부족한 **productivity** 생산성 **enthusiastic** 열광적인 **passion** 열정 **be willing to** 기꺼이 ~하다 **dedicate** 헌신하다 **motivate** 동기를 부여하다 **come up with** 찾아내다 **innovative** 혁신적인

15초 준비 시간 활용하기

의견	hire experienced workers
이유	The company can reduce budget costs.
설명/예시	They already have lots of knowledge and experience in the field.

60초 답변하기

I prefer to hire experienced workers to increase productivity for some reasons. First of all, the company can reduce budget costs. Companies need to spend a great deal of money training inexperienced employees where as experienced workers already have lots of knowledge and experience in the field. They are already skillful. Once a company hires them, the company dispatches them into the field directly without training. [Level 7 추가 답안] Secondly, they have specialized knowledge and know-how in the field to help them understand and present details quickly and meet deadlines. Because they have held responsibilities at previous companies, they know how to deal with any problems in the work field. That's why I prefer hiring experienced workers to inexperienced workers.

저는 몇 가지 이유로 생산성 향상을 위해서는 경험이 풍부한 직원을 고용하는 것을 선호합니다. 제 의견을 뒷받침하는 데에는 두 가지 이유가 있습니다. 첫째로, 회사는 비용을 줄일 수 있습니다. 회사가 경험이 없는 직원을 교육시키는 데 엄청난 돈을 써야 할 필요가 있는 반면, 경력이 풍부한 직원들은 이미 그 분야의 많은 지식과 경험을 가지고 있습니다. 그들은 이미 능숙한 사람들입니다. 회사는 그들을 고용하기만 하면, 교육 없이 그들을 바로 현장으로 투입할 수 있습니다. 두 번째로, 그들은 세부 내용을 빠르게 이해하고 설명할 수 있는 그 분야의 특화된 지식과 노하우를 가지고 있고 마감일을 잘 맞춥니다. 그들은 이전의 직장에서 많은 업무를 진행해봤기 때문에 실제 현장에서의 문제를 어떻게 다뤄야 하는지를 잘 압니다. 이 때문에 저는 경험이 없는 직원보다는 경험이 풍부한 직원을 고용하는 것을 더 선호합니다.

budget cost 예산 원가 **dispatch** 파견하다 **specialize** 전문적으로 다루다 **know-how** 요령 **present** 제시하다

★ 실전 모의고사 02회

Actual Test 02

⇨ 문제지 P17

Questions 1-2
🔊 Answer_02_01~02

♩ 올려 읽기, ↘ 내려 읽기, / 끊어 읽기, **볼드체** 강조하기, ___ 연음, ▓ 강세

Question 1
Hi, / this is **Annabelle**.↘ // If you want to leave a **message**,♩ / **please wait** for the **tone**.↘ // If you want to leave your **name**♩ and a **message**,♩ / press **one**,♩ / then **speak loudly** after the **beep**.↘ // If you want to leave your **number only**,♩ / please press **two**,♩ / and **enter** the **number**.↘ // I will **call** you **back** as soon as possible / once I come home.↘ //

안녕하세요. 저는 애나벨입니다. 메시지를 남기고 싶으시면 신호음이 울릴 때까지 기다려 주세요. 이름과 메시지를 남기고 싶으시면, 1번을 누르신 뒤 신호음이 울리고 나서 크게 말씀해 주세요. 전화번호만 남기고 싶으시면, 2번을 누르신 뒤 전화번호를 눌러 주세요. 집에 돌아오는 대로 가능한 한 빨리 연락드리겠습니다.

tone 신호음 **beep** 삐 소리 **enter** 입력하다

Question 2
Today,♩ / we will begin our **special conference**.↘ // As **all** of you know,♩ / we have been **involved** in a very important project / since **last spring**.↘ // We **finally completed** that **project last month** / with **great progress**.↘ // This is our **way** of saying thank you to **all** of you.↘ // Let me tell you that **no** one **knew** about this **special session** / for this **morning**.↘ // Let's give a very big welcome to our **partner** to **celebrate** our **great performance**.↘ // This is **Ellen Lavigne**.↘ //

오늘 회의를 특별하게 시작하고자 합니다. 여러분들도 모두 아시다시피, 지난봄 이래로 우리는 매우 중요한 프로젝트를 진행했습니다. 마침내 지난달 엄청난 진전과 함께 프로젝트를 마쳤습니다. 이것은 여러분 모두에게 하는 회사의 감사의 표시입니다. 오늘 아침의 이 특별 세션은 아무도 몰랐습니다. 우리의 위대한 성과를 축하해 줄 파트너에게 열렬한 환영을 부탁드립니다. 엘렌 라빈입니다.

involve 참여시키다 **celebrate** 축하하다

Question 3

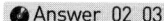

30초 준비 시간 활용하기

장소	a conference hall
중심 대상	in the front part, a man near a podium, looking at a screen, preparing for a speech
주변 대상	people, sitting, wearing formal suits to attend the conference, waiting for the conference to begin
마무리	a few people, before the conference

45초 답변하기

I think this picture was taken in a conference hall. In the front part of the conference hall, a man in a black suit is standing near a podium. He is looking at a screen to check something for this presentation. I think he is preparing for a speech. Some people are sitting on chairs. They are wearing formal suits to attend the conference. They might be waiting for the conference to begin. Since there are a few people, it might be before the conference has started. [Level 7 추가 답안] Several empty chairs are arranged in several rows. A chandelier is hanging from the ceiling. On the left corner of the room a projector screen is set up for the presentation. Next to it, I can see a hinged door.

이 사진은 회의장에서 찍힌 것 같습니다. 회의장의 앞쪽에 검은색 양복을 입은 남자가 연단 근처에 서 있습니다. 그는 발표와 관련된 무언가를 확인하기 위해 스크린을 보고 있습니다. 제 생각에 그는 연설을 준비하는 것 같습니다. 몇몇 사람들이 의자에 앉아 있습니다. 그들은 회의에 참석하기 위해 정장을 입고 있습니다. 그들은 아마도 회의가 시작되기를 기다리는 것 같습니다. 사람들이 많지 않은 것을 보니 회의가 시작되기 전인 것 같습니다. 몇 개의 의자들이 여러 줄 배치되어 있습니다. 샹들리에가 천장에 매달려 있습니다. 방의 왼쪽 구석에는 발표용 스크린이 설치되어 있고, 그 옆으로 여닫이문이 보입니다.

podium 연단 **presentation** 발표 **prepare for** ~를 준비하다 **formal suit** 정장 **chandelier** 샹들리에 **ceiling** 천장 **hinged door** 여닫이문

Questions 4-6

내레이션 시간 활용하기

주제: 영화

The Great Gatsby, with my friends, unknown actors, the genre of a film

Question 4

당신은 최근 다른 나라 언어로 된 영화를 본 적이 있나요?

15초 답변하기

Yes, I have seen a movie in a foreign language recently. The title was *The Great Gatsby*. [Level 7 추가 답안] Leonardo DiCaprio was starring in the movie as the main character. I was so impressed by his acting.

네, 저는 최근 다른 나라 언어로 된 영화를 본 적이 있습니다. 제목은 〈위대한 개츠비〉였습니다. 레오나르도 디카프리오가 주인공으로 출연했습니다. 저는 그의 연기에 매우 감명을 받았습니다.

star 주연을 맡다 **impress** 감명을 주다

Question 5

당신은 주로 외국 영화를 언제 어디서 보나요?

15초 답변하기

I watch foreign movies with my friends, so I usually go to the movie theater downtown on weekends. [Level 7 추가 답안] I know it is always bustling with lots of people on weekends but I love the atmosphere. I am able to enjoy popcorn and a movie on the big screen as well.

저는 외국 영화를 친구와 보기 때문에 주로 주말에 시내에 있는 영화관에 갑니다. 주말에는 항상 사람들로 북적거린다는 것을 알지만 저는 그런 분위기를 좋아합니다. 또한 저는 팝콘을 먹고 넓은 스크린으로 영화를 볼 수 있습니다.

bustling 북적거리는 **atmosphere** 분위기

Question 6

당신은 유명하지 않은 배우가 출연하는 영화를 보기 위해 기꺼이 영화 티켓을 살 건가요?

30초 답변하기

Yes, I'm willing to buy a movie ticket to watch a movie starring unknown actors. Actors are not an important factor that I consider. Instead, I always check the genre of a film first. I love action movies so much. [Level 7 추가 답안] Action-packed, knock-down fighting scenes mainly dominate these films. It makes me feel like punching the air to relieve my stress.

네, 저는 유명하지 않은 배우가 출연하는 영화 티켓을 기꺼이 사겠습니다. 배우는 제가 고려하는 중요한 요소가 아닙니다. 그보다 저는 항상 영화의 장르를 확인합니다. 저는 액션 영화를 매우 좋아합니다. 액션으로 가득한, 강력한 격투 장면들이 영화의 주를 이룹니다. 이것은 제가 스트레스를 날려버리는 것과 같은 느낌을 줍니다.

genre 장르 **action-packed** 액션이 많은 **knock-down** 강력한 **dominate** 가장 중요한 특징이 되다

Questions 7-9

Answer_02_07~09

30초 준비 시간 활용하기

롤링 스톤스 음악 축제
코너 밸리 호텔, 3월 4일~7일

❶ 기본 정보: 3월 호텔에서 열리는 음악 축제
❷ 날짜: 금요일(4일) 2개부터 월요일까지
❸ 시간: 모두 오후 1시점, 가장 빠른 입장 1시
❹ 축제 내용: 오픈 행사, 올드 팝, 록, 히트 앨범, 댄스파티
참석자: 우디 코트, 인디 밴드, 2013 최고의 밴드

날짜	시간	행사	장소
3월 4일 금요일	오후 1시	개막 행사	시사이드 강당
3월 4일 금요일	오후 5시	우디 코트와 함께하는 7080 올드 팝송 콘서트*	서큘러 강당
3월 5일 토요일	오후 6시	해외 인디 밴드와 함께하는 록 음악 콘서트*	서큘러 강당
3월 6일 일요일	오후 6시	21세기 히트 앨범 음악 콘서트*	시사이드 강당
3월 7일 월요일	오후 4시	2013 최고의 밴드와 함께하는 댄스파티	B.B. 회의장

*모든 콘서트 티켓에는 음료와 스낵이 무료로 제공되며 수가 제한되어 있습니다.

❺ 장소: 강당이나 회의장
❻ 추가 정보: * 표시가 있는 콘서트는 음료와 스낵 무료 한정 제공

Hello, this is David Marshall and I will be attending the Rolling Stones Music Festival. I checked the schedule on your website a few days ago, but I can't access it now. I seem to have a problem with my computer. Could you answer some questions, please?

안녕하세요. 저는 데이비드 마셜이고 롤링 스톤스 음악 축제에 참가할 겁니다. 제가 며칠 전에 웹 사이트에서 스케줄을 확인했는데, 지금 접속할 수가 없습니다. 제 컴퓨터에 문제가 있는 것 같습니다. 몇 가지 질문에 답해주실 수 있으십니까?

ceremony 의식 **venue** 장소 **auditorium** 강당 **conference hall** 회의장 **access** 접속하다

Question 7

I'm in my 50s, so I want to enjoy older music. What is the best day for me to go there?

저는 50대인데 좀 흘러간 노래를 즐기고 싶습니다. 언제 가면 제일 좋습니까?

15초 답변하기

The best day is Friday, the 4th of March. On that day, old pop songs of the 70s and 80s will be performed by Woody Court. [Level 7 추가 답안] You should come to the Circular Auditorium.

3월 4일 금요일이 오시기 가장 좋은 날입니다. 그날 우디 코트가 70, 80년대의 올드 팝송을 공연할 예정입니다. 서큘러 강당으로 오시면 됩니다.

perform 공연하다

Question 8

I heard there is an event where I can enjoy dancing with free drinks. Is that correct?

제가 듣기로는 무료 음료와 춤을 즐길 수 있는 행사도 있는 것 같던데, 맞습니까?

15초 답변하기

There is an event where you can enjoy a dance party on Monday, March 7th. [Level 7 추가 답안] But I'm afraid that free drinks won't be offered.

3월 7일 월요일에 댄스파티를 즐기실 수 있는 행사가 있습니다. 하지만 유감스럽게도 그 행사에서는 무료 음료를 제공하지 않습니다.

Question 9

How many concerts can I enjoy during Rolling Stones Music Festival?

롤링 스톤 음악 축제 기간 중에 제가 즐길 수 있는 콘서트는 몇 개입니까?

30초 답변하기

There are three concerts you can enjoy. In the Circular auditorium, the concert of old pop songs of the 70s and 80s and the rock music concert will be performed by Woody Court and foreign indie bands on Friday, March 4th and Saturday, March 5th. The other event is the 21st century's hot selling albums' music concert on Sunday, March 6th. [Level 7 추가 답안] All concert tickets include limited free drinks and snacks.

즐기실 수 있는 콘서트는 3개입니다. 서큘러 강당에서 70, 80년대의 올드 팝송 콘서트와 록 음악 콘서트가 3월 4일 금요일과 3월 5일 토요일에 우디 코트와 해외 인디 밴드의 공연이 있을 것입니다. 다른 하나는 3월 6일 일요일에 21세기 가장 히트한 앨범 콘서트입니다. 모든 콘서트 티켓은 한정된 무료 음료와 스낵을 포함합니다.

Question 10

Answer_02_10

Hello, this is Mark Simpson, Director of Human Resources. I'm calling you since you are the company's Managing Director. As you know, the company will start recruiting at the end of this month. I have posted job openings on many online job sites. Unfortunately, the number of applicants has dropped over 40% from last year. Our company is planning to open another factory then launch a new product line within six months. Therefore, I have to hire a number of new employees as soon as possible. I urgently need to solve this problem or else next month our current staff will have to work late at night. Could you give me some advice? I would appreciate a return call. Thank you.

안녕하세요, 인사과 이사 마크 심슨입니다. 상무 이사이시기에 전화드렸습니다. 이미 알고 계시겠지만, 회사가 이번 달 말에 채용을 시작할 것입니다. 다수의 온라인 채용 사이트에 구인 공고를 냈습니다. 하지만 안타깝게도 지원자 수가 지난해에 비해 40%나 감소했습니다. 우리 회사는 앞으로 6개월 내에 공장을 열고, 새로운 제품군을 출시할 계획입니다. 그러므로 가능한 한 빨리 새로운 직원들을 많이 뽑아야 합니다. 저는 이 문제를 시급히 해결해야 하고, 그렇지 않으면 다음 달에는 기존 직원들이 밤늦게까지 일해야 합니다. 저에게 조언을 좀 주시겠습니까? 전화 주시면 감사하겠습니다.

recruit 채용하다 **post** 게시하다 **applicant** 지원자 **urgently** 급히 **current** 현재의

30초 준비 시간 활용하기

전화 건 사람	Mark Simpson, Director of Human Resources
나의 신분	managing director
문제점	The number of applicants has dropped.
요구 사항	give me some advice
해결책	participate in a job fair
추가 설명	Potential employees will visit.

60초 답변하기

Hello, Mr. Simpson. This is Elizabeth Collins returning your call. I just received your message. I understand you have worked hard to post job openings on numerous websites. However, you are worried about the decreased number of applicants this year. Please don't worry because I will come up with a solution. I suggest that you participate in a job fair this weekend. If you set up a booth as the representative of our company, many potential employees will visit to obtain more information. Therefore, you can meet and interview these people in person to determine if they are suitable. [Level 7 추가 답안] Otherwise, why don't we use referrals from existing staff? You can ask all the employees to recommend their friends or family who are suitable for this position. As they know their qualifications, they will recommend the proper workers. Also, please contact the professors at a number of national universities. They will recommend the proper students. If you want to discuss this further, please feel free to contact me at anytime. Good luck!

안녕하세요, 심슨 씨. 엘리자베스 콜린입니다. 방금 메시지를 받았습니다. 여러 웹 사이트에 채용 공고를 내시는 데 많은 노력을 기울이셨다는 것 압니다. 그렇지만 올해 줄어든 지원자 수 때문에 걱정하고 계시군요. 제가 해결책을 생각해 냈으니 걱정 마세요. 저는 이번 주말에 열릴 채용 박람회에 참가하시는 것을 제안합니다. 회사를 대표하여 이사님께서 부스를 차리시면, 많은 잠재력 있는 직원들이 정보를 얻기 위해 부스를 찾아올 것입니다. 그래서 이사님은 그들과 만나실 수 있고, 그들이 회사에 적합한지 직접 인터뷰해 보실 수 있습니다. 그렇지 않으면 직원들의 소개를 이용해 보는 것은 어떨까요? 모든 직원들에게 그 자리에 적합한 친구나 가족을 추천하라고 요청하실 수 있습니다. 그들은 그들의 자질을 알기 때문에 적합한 직원을 추천할 것입니다. 또한, 수많은 국립 대학의 교수들에게 연락해 보십시오. 그들은 적합한 학생을 추천해 줄 것입니다. 더 논의하고 싶으시면 언제든지 전화 주세요. 행운을 빕니다!

numerous 많은 **come up with a solution** 해답을 찾다 **participate** 참가하다 **representative** 대표 **potential** 잠재적인 **obtain** 얻다 **determine** 알아내다 **suitable** 적합한 **qualification** 자격 **proper** 적합한

Question 11

🔊 Answer_02_11_1~2

다음과 같은 말에 찬성합니까, 찬성하지 않습니까? "기업은 열심히 일하는 직원들에게 충분한 휴가로 보상을 해 주어야 한다." 당신의 의견을 뒷받침하는 구체적인 이유나 예를 들어 주세요.

15초 준비 시간 활용하기

의견	agree
이유	Sufficient vacation leave encourages employees to work harder.
설명/예시	They will work harder and the company's revenue and employees' salaries are increased.

60초 답변하기

I agree that companies should compensate their hard workers with sufficient vacation leave. There are many reasons to support my opinion. The first reason is that sufficient vacation leave encourages employees to work harder. Staff will work harder to acquire more vacation days. Hard work improves worker productivity. Higher productivity and more sales increase the company's revenue. This will lead to higher employee salaries. I think it is a virtuous circle. [Level 7 추가 답안] The second reason is that workers must have time to recharge their batteries after hard work. There is an old saying, "All work and no play makes Jack a dull boy." This means no one should work all the time. Sometimes people need to have fun. Therefore, if employees work too much, they are likely to become tired or ill. As a result, the company ends up with many sick workers. Based on this reason, I think workers should be rewarded for hard work with sufficient vacation leave.

저는 회사가 열심히 일하는 직원들에게 충분한 휴가로 보상해야 한다고 생각합니다. 제 의견을 뒷받침하는 이유는 많이 있습니다. 첫 번째 이유는 충분한 휴가는 직원들을 더욱 열심히 일하게 고무시킨다는 것입니다. 직원들은 더 많은 휴가를 얻기 위해 더 열심히 일할 것입니다. 열심히 일하면 생산성이 향상됩니다. 높은 생산성과 더 많은 매출은 회사의 이익을 증가시킵니다. 이것은 직원들의 급여 증가로 이어질 것입니다. 이것이 바로 선순환이라고 생각합니다. 두 번째 이유는 일하는 사람들은 힘들게 일한 후 반드시 재충전의 시간을 가져야 하기 때문입니다. "공부만 하고 놀지 않으면 바보가 된다"는 옛말이 있습니다. 이는 누구도 항상 일만 하고 살 수는 없으며 때때로 즐거운 시간을 갖기도 해야 한다는 의미입니다. 따라서 직원들이 너무 많은 일을 한다면, 그들은 쉽게 피로하거나 질병에 걸리게 됩니다. 결과적으로, 회사에는 몸이 아픈 직원이 많아질 것입니다. 이러한 이유에 근거하여, 저는 직원들은 충분한 휴가로 열심히 일한 것을 보상받아야 한다고 생각합니다.

compensate 보상하다 **sufficient** 충분한 **encourage** 장려하다 **acquire** 얻다 **revenue** 수익 **virtuous circle** 선순환 **recharge** 충전하다 **end up with** 결국 ~하게 되다 **reward** 보상하다

15초 준비 시간 활용하기

의견	disagree
이유	It will create competitive working conditions.
설명/예시	Staff will be under a lot of stress and become less efficient.

60초 답변하기

I disagree that a company should compensate hard-working workers with sufficient vacation leave. First, it will create competitive working conditions among workers who seek to gain vacation leave. As long as the company compensates them with a lot of vacation leave, more workers will want to gain more vacation time and they will not enjoy tasks. As a result, staff will be under a lot of stress and become less efficient. [Level 7 추가 답안] The second reason is that employees will work late as a gesture of working hard. Over time, they may become tired and get sick. Eventually, they will not need vacation leave but several days of sick leave. The company will have to spend much cost to cover their medical treatment. Based on this reason, I don't think it is a good idea.

저는 회사가 열심히 일하는 직원들을 충분한 휴가로 보상해야 한다는 것을 반대합니다. 첫째로, 이러한 보상은 휴가를 얻으려고 하는 직원들 사이에 경쟁적인 분위기를 조장할 것입니다. 회사가 그들을 많은 휴가로 보상하는 한, 더 많은 직원들이 더 많은 휴가를 받기를 원할 것이고, 그들은 업무를 즐길 수 없게 됩니다. 결과적으로 직원들은 많은 스트레스를 받으며 일하게 되고 효율성이 떨어질 것입니다. 둘째로, 직원들은 열심히 일하는 것처럼 보이기 위해 야근을 할 것입니다. 시간이 지날수록, 그들은 피곤하고 아플 것입니다. 결국에는 그들을 휴가가 아닌 병가를 필요로 하게 될 것입니다. 회사는 그들의 치료비를 처리하기 위해 큰 비용을 써야 합니다. 이러한 이유에 근거하여, 저는 이 의견이 좋지 않다고 생각합니다.

sick leave 병가 **cover** (돈을) 대다 **medical treatment** 치료

Actual Test 03

⇨ 문제지 P24

Questions 1-2

🎧 Answer_03_01~02

↗ 올려 읽기, ↘ 내려 읽기, / 끊어 읽기, **볼드체** 강조하기, ___ 연음, ▓▓ 강세

Question 1

Are you **tired** of your **current career**?↗ // Are you **looking** for the **job** of your **life**?↗ // Do you **want** to be your own **boss**?↗ // If your **answer** is "**Yes**"↗ / and you are under **35 years** of **age** with good computer↗ / and Internet skills,↗ / we will **offer** you a chance for **suitable financing**↗ and an **unlimited**↗ and **steady income**.↘ // Please email your **résumé** / to the following address:↘ // golden@job.com.↘ //

현재 하는 일이 지겨우십니까? 나만의 일을 찾고 있습니까? 회사의 사장이 되고 싶습니까? 만약 대답이 "예"이고 35세 미만이며, 뛰어난 컴퓨터와 인터넷 실력이 있으시다면, 저희가 적합한 자금과 무제한적이며 꾸준한 월급을 받을 수 있는 기회를 드리겠습니다. 이메일 주소 golden@job.com으로 이력서를 보내 주세요.

current 현재의 **suitable** 적합한 **financing** 자금 조달 **unlimited** 무제한의 **steady** 꾸준한 **income** 수입

Question 2

This is **Wendy**↗ / in **Boston**.↘ // On highway **191** westbound between junctions **J1 and J2**,↗ / **minor delays** are possible / due to **bumper**-to-**bumper** traffic following the closing of one lane.↘ // Normal traffic conditions are **expected** / after **8:00 a.m**.↘ // And on highway **191** eastbound between junctions **J9 and J8**,↗ / there are **currently delays** of **15 minutes** / due to a broken down pickup truck.↘ // **Traffic flow** will **even out** within **1 hour**.↘ //

보스턴에서 웬디입니다. J1 교차로와 J2 교차로 사이의 서쪽 방향 191 고속도로에서는 극심한 교통체증으로 인해 한 차선의 통행이 막혀서 약간의 지연이 있을 수 있습니다. 오전 8시부터는 정상적인 교통 흐름을 보일 것으로 예상됩니다. J9 교차로와 J8 교차로 사이의 동쪽 방향 191 고속도로에서는 현재 고장 난 트럭으로 인해 15분 정도 지연이 되고 있습니다. 교통 흐름은 1시간 안에 좋아질 것입니다.

westbound 서쪽으로 가는 **junction** 교차로 **minor** 가벼운 **bumper-to-bumper** 차가 꽉 들어찬 **eastbound** 동쪽으로 가는 **even out** 잠잠해지다

Question 3

Answer_03_03

30초 준비 시간 활용하기

장소	subway station
중심 대상	in the center, a group of people, standing and giving a music performance, some of them, playing musical instruments, a woman in the center, singing
주변 대상	in front of them, people, passing by alone or together
마무리	a few people, not a peak time of rushhour, wearing slightly thick jumpers, the beginning of winter

45초 답변하기

In this picture, I can see some people underground inside of a subway station. In the center of the picture, a group of people are standing and giving a music performance. Some of them are playing musical instruments and a woman in the center is singing. She is grabbing a wireless microphone in her right hand. In front of them, some people are passing by alone or together. [Level 7 추가 답안] They are glancing at the performance on their right. I think they have an interest in the street musicians' playing. Since there are a few people, it doesn't look like the peak time of rush hour. People are wearing slightly thick jumpers, so I can say it is the beginning of winter.

이 사진에서 저는 지하철의 보행로에 있는 사람들을 볼 수 있습니다. 사진의 가운데에 한 무리의 사람들이 서서 음악 공연을 하고 있습니다. 몇몇 사람들이 악기를 연주하고 있고, 가운데 있는 여자는 노래를 부르고 있습니다. 그녀는 오른손으로 무선 마이크를 들고 있습니다. 그들 앞으로 몇몇 사람들이 혼자 또는 누군가와 함께 지나가고 있습니다. 그들은 오른쪽에서 하는 공연을 힐끔 보고 있습니다. 그들은 이 거리 악사들의 공연에 관심을 가지고 있는 것 같습니다. 몇몇의 사람들이 있는 것으로 보아 이 시간은 출퇴근이 한창일 때는 아닌 것 같습니다. 사람들이 약간 두꺼운 옷을 입을 것으로 보아 겨울이 시작되고 있는 것 같습니다.

underground 지하의 **instrument** 악기 **grab** 붙잡다 **wireless** 무선의 **glance** 힐끔 보다 **peak** 정점 **slightly** 조금

Questions 4-6

Answer_03_04~06

내레이션 시간 활용하기

주제: 휴대폰

texting messages, listening to music, emoticons making me smile or feel sad

Question 4

하루에 몇 개의 문자 메시지를 받나요?

15초 답변하기

I usually receive about 30 or more text messages a day. Most of them are from my friends. [Level 7 추가 답안] Sometimes I use emoticons to show my feelings.

저는 보통 하루에 30개 이상의 문자 메시지를 받습니다. 대부분은 친구들이 보내는 것입니다. 가끔 저는 제 감정을 표현하기 위해 이모티콘을 사용합니다.

emoticon 이모티콘

Question 5

휴대폰으로 어떤 서비스를 이용하나요?

15초 답변하기

I usually listen to music with my cellular phone on the way to school. I put on earphones and concentrate on music. [Level 7 추가 답안] Since my school is a one-hour drive from my house, listening to music helps me feel less bored.

저는 보통 학교 가는 길에 휴대폰으로 음악을 듣습니다. 이어폰을 끼고 음악에 집중합니다. 학교가 집에서 차로 한 시간 거리에 있기 때문에, 음악을 들으면서 지루함을 덜 느낄 수 있습니다.

concentrate on ~에 집중하다

Question 6

친구에게 연락을 할 때, 문자 메시지를 보내나요, 전화를 하나요?

30초 답변하기

When I contact my friends, I send text messages. When I send a text message, I sometimes use emoticons. No matter if I feel happy or sad, I can choose a suitable one to express my mood. In this way, my friends can make me smile or feel sad with text messages including emoticons. [Level 7 추가 답안] Additionally, a text message is perfect in a silent place such as a movie theater, library, or classroom. It is possible for me to contact my friends even when it is inappropriate to make a phone call.

친구들과 연락을 할 때, 저는 문자 메시지를 보냅니다. 문자 메시지를 보낼 때 가끔 이모티콘을 이용합니다. 제가 슬프든 기쁘든 제 감정을 표현할 알맞은 이모티콘을 선택할 수 있습니다. 이런 방식으로 제 친구들이 이모티콘이 포함된 문자 메시지로 저를 웃게 하거나 슬프게 할 수 있습니다. 또한, 문자 메시지는 극장이나 도서관, 교실과 같은 조용한 공간에서 제격입니다. 전화를 걸기에 적합하지 않을 때에도 친구들과 연락할 수 있습니다.

additionally 게다가 **inappropriate** 부적절한 **make a phone call** 전화를 걸다

Questions 7-9

Answer_03_07~09

30초 준비 시간 활용하기

❶ 기본 정보: 8월 별관 강당에서 열리는 오리엔테이션

신입 직원 오리엔테이션

2013년 8월 17일
대강당, DML 사 별관 주 강당

오전 9시	~ 오전 9시 50분	개회사, 최고경영자 에드워드 해밀턴
오전 10시	~ 오전 10시 50분	'DML 사의 연혁', 레베카 윌슨 박사
오전 11시	~ 오전 11시 50분	영상 발표, 교육 부장 에릭슨 볼트
오전 12시	~ 오후 1시	점심 식사, 엣지웨어 식당
오후 1시	~ 오후 3시	단체 토론
오후 3시 10분	~ 오후 4시	제품 시연회
오후 4시 10분	~ 오후 4시 50분	공장 단체 견학
오후 5시	~ 오후 6시	저녁 식사, 알링턴 식당

❷ 시간: 오전 9시부터 오후 6시 일정, 점심을 기준으로 오전 3개 + 오후 4개 일정

❸ 내용: 개회사, 회사 연혁, 영상 발표, 점심, 토론, 시연회, 공장 견학, 저녁으로 끝나는 일정
참석자: 최고경영자, 윌슨 박사, 교육 부장 볼트 씨

Good morning, my name is Christine Parker. I'm a new employee at DML Corp. I am supposed to take part in the orientation, but I can't find the timetable. Could you answer a few questions for me?

안녕하세요. 저는 크리스틴 파커입니다. 저는 DML 사의 신입 직원입니다. 오리엔테이션에 참석하기로 되어 있는데, 일정표를 찾을 수가 없습니다. 몇 가지 질문에 답해 주실 수 있습니까?

annex 별관 **demonstration** 설명 **take part in** ~에 참가하다 **timetable** 시간표

Question 7

I'd like to know what the topic of Dr. Wilson's presentation is and what time it starts.

저는 윌슨 박사의 발표 주제와 시작 시간을 알고 싶습니다.

15초 답변하기

Dr. Wilson will make a presentation about "The History of DML Corp." [Level 7 추가 답안] It will start at 10:00 a.m. and end at 10:50 a.m.

윌슨 박사는 'DML 사의 연혁'에 대해 발표할 것입니다. 발표는 오전 10시에 시작해서 오전 10시 50분에 끝날 것입니다.

make a presentation 발표하다

Question 8

I heard that Erikson Bolt will give a presentation for over an hour. Is that right?

저는 에릭슨 볼트 씨가 한 시간 이상 발표를 한다고 들었습니다. 맞습니까?

15초 답변하기

I'm afraid you have the wrong information. A video presentation will be given by Erikson Bolt for 50 minutes. [Level 7 추가 답안] And he is the Education Manager.

잘못 알고 계신 것 같습니다. 에릭슨 볼트 씨는 50분간 영상 발표를 하실 겁니다. 그는 교육 부장입니다.

Question 9

I have a family emergency, so I won't arrive at the orientation site until twelve o'clock. Could you tell me what I would be missing?

집에 급한 일이 생겨서 12시까지는 오리엔테이션 장소에 도착하지 못할 것 같습니다. 제가 무엇을 놓치게 되는지 알려 주시겠습니까?

30초 답변하기

You will miss three sections of the orientation. The first one is an introduction and welcome speech by the CEO. The second one is 'The History of DML Corp.' given by Dr. Wilson. For the last, you will miss a video presentation by Mr. Bolt. [Level 7 추가 답안] If you come here at noon, you can join the orientation for lunch at the Edgeware restaurant.

오리엔테이션의 세 개 프로그램을 놓치게 될 것입니다. 첫 번째는 최고경영자의 개회사입니다. 두 번째는 윌슨 박사의 'DML 사의 연혁'에 대한 발표입니다. 마지막으로, 볼트 씨의 영상 발표를 놓치게 될 것입니다. 만약 정오에 오시면 엣지웨어 식당에서 점심 드시는 것부터 오리엔테이션에 참석하실 수 있습니다.

emergency 비상 **site** 장소

Question 10

🔊 Answer_03_10

Hello, this is Sally, the manager of the purchasing department. First of all, I'm happy to say that our sales are increasing significantly thanks to all of the employees' hard work. But this morning, I received a phone call from the Parmalot Food Company. They said they want to raise the price of their food supplies. They currently serve fresh ingredients to our restaurant at a reasonable price but due to the extended economic recession, there's no choice except to raise the price. They mentioned that especially the price of seafood might shoot up by almost 30%. If it is true, it will raise our costs as well. Then we should be concerned about a significant decrease in sales. Please tell me how I can respond to them and handle this problem. I would welcome any suggestions from any of our employees. Thank you.

안녕하세요, 저는 구매부의 매니저 샐리입니다. 우선, 직원들의 노고로 매출이 눈에 띄게 증가하고 있는 것을 알리게 되어 기쁘게 생각합니다. 그러나 오늘 아침 패멀롯 식재료 회사로부터 전화를 받았습니다. 그들은 식품 공급 가격을 올리고 싶다고 하더군요. 그 회사는 우리 식당에 저렴한 가격으로 식재료를 공급해 주고 있는데, 장기화된 경기 침체로 가격 인상 외에는 방법이 없는 것 같습니다. 그들은 특히 해산물 가격이 거의 30%로 급등할 거라고 했습니다. 그렇게 되면 우리의 비용 또한 올라갈 것입니다. 그러면 매출 감소를 걱정해야 할 것 같습니다. 제가 그들에게 어떻게 대응하고 이 문제를 처리해야 할지 알려 주세요. 직원 여러분 모두의 어떠한 의견도 환영합니다. 감사합니다.

purchasing department 구매부 **reasonable** 적정한 **extended** 길어진 **recession** 경기 침체 **shoot up** 급등하다

30초 준비 시간 활용하기

전화 건 사람	Sally, manager of the purchasing department
나의 신분	employee
문제점	They want to raise the price of food supplies.
요구 사항	how to respond to them and handle this problem
해결책	search other agencies through the Internet
추가 설명	compare the suggested prices

60초 답변하기

Hello, Sally. This is Larry, a waiter at the restaurant. I received your voice message saying that you are facing some problems with increasing costs. You mean that our food supply agency has asked us to pay more for seafood supplies, right? In this case, why don't you search for other agencies through the Internet? When you access the Internet and search the words 'seafood supply,' you can easily find so many agencies. Then, pick some of them and ask them to send estimates. After you receive them, compare the suggested prices. I think you will be able to find another food supply agency which offers supplies at lower prices. [Level 7 추가 답안] Otherwise, you'd better go to the fisheries market in the local area. I mean, please try to purchase seafood supplies from a fishery directly to reduce the retail margin. I know it requires you to make much more effort but, in this case, we can purchase much fresher ingredients for our dishes. If you like, I want to introduce Mike who is an online media market researcher. If you need more help from me, please ask me no matter what it is.

안녕하세요, 샐리. 저는 식당의 웨이터 래리입니다. 비용 인상으로 문제가 있다는 전화 메시지 들었습니다. 공급 업체가 수산물 식재료 가격을 올려 달라고 한 것이 맞지요? 이런 경우엔, 인터넷에 다른 공급 업체를 찾아보는 것은 어떨까요? 인터넷에 들어가서 '해산물 식재료 공급'이라고 치면 많은 공급 업체들을 쉽게 찾아낼 수 있습니다. 그리고 그들 중 몇몇을 골라 견적서를 보내 달라고 요청하세요. 견적서를 받은 후 제시 가격을 비교해 보세요. 더 낮은 가격에 재료를 제공하는 업체를 찾으실 수 있을 거라 생각합니다. 그렇지 않으면, 지역에 있는 수산 시장을 가 보시는 게 좋을 것 같아요. 소매상들의 중간 마진을 줄여서 직거래를 해 보라는 말이에요. 훨씬 많은 노력이 필요하겠지만, 이 경우에는 좀 더 신선한 식재료를 구매할 수 있을 것 같습니다. 원하신다면, 온라인 시장 조사원인 마이크를 소개해 드리겠습니다. 도움이 더 필요하면 무엇이든 요청하세요.

face 직면하다 **agency** 대리점 **estimate** 견적서 **fishery** 어장 **retail** 소매 **margin** 마진

Question 11

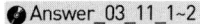 Answer_03_11_1~2

다음과 같은 말에 찬성합니까, 찬성하지 않습니까? "정부는 더 많은 극장을 짓는 데 돈을 써야 한다." 당신의 의견을 뒷받침하는 구체적인 이유나 예를 들어 주세요.

15초 준비 시간 활용하기

의견	agree
이유	The government will manage the theaters more efficiently.
설명/예시	Theaters can make a long-range budget plan with large government funding.

60초 답변하기

I agree that the government should spend money on building more theaters. There are some reasons to support my opinion. First, the government will manage the theater more efficiently. To specify, the government will pour more funds into the theaters compared to privately owned companies. Theaters can make a long-range budget plan with large government funding. The field might be developed and organized systematically. The locals can comfortably enjoy many cultural events. [Level 7 추가 답안] Secondly, people will be able to enjoy cultural performances at affordable prices. More specifically, if the government builds more venues capable of musical performances, concert ticket prices will fall. Cheap concert tickets allow people to enjoy plays or concerts more often. This elevates the cultural life of local residents. For this reason, I strongly agree that the government should invest money in building more theaters.

저는 정부가 극장을 더 많이 짓는 데 돈을 써야 한다는 것에 동의합니다. 제 주장을 뒷받침하는 몇 가지 이유가 있습니다. 첫째, 정부가 극장을 좀 더 효율적으로 운영할 것입니다. 자세히 말하자면, 정부는 사기업들과 비교했을 때 더 많은 기금을 극장에 투입할 것입니다. 많은 극장들이 막대한 정부 자금으로 장기적으로 예산을 운영해 나갈 수 있습니다. 그러면 이 분야가 발전하고 조직화될 것입니다. 지역 주민들은 많은 문화 행사를 편하게 즐길 수 있습니다. 둘째, 사람들이 문화 공연을 저렴한 가격으로 즐길 수 있습니다. 자세히 말해, 정부가 더 많은 음악 공연장을 세울수록 공연 티켓 가격은 떨어질 것입니다. 저렴한 공연 티켓은 사람들로 하여금 연극이나 콘서트를 더 자주 즐길 수 있게 만들 것입니다. 이것은 지역 주민들의 문화생활을 높입니다. 이러한 이유로, 저는 정부가 극장을 더 짓는 데 돈을 투자해야 한다는 것에 강력히 찬성합니다.

efficiently 효율적으로 **pour** 쏟다 **fund** 자금 **privately owned company** 민간 기업 **long-rage** 장거리를 가는 **budget** 예산 **systematically** 조직적으로 **locals** 현지인 **affordable** 알맞은 **elevate** 높이다 **invest** 투자하다

15초 준비 시간 활용하기

의견	disagree
이유	The government will have to force people to pay more tax.
설명/예시	People will naturally reduce consumption.

60초 답변하기

I disagree that the government should spend money on building more theaters. There are some reasons to support my opinion. First of all, the government will have to force people to pay more tax. A high tax rate will make people have no incentive to work hard, and at the same time people will naturally reduce consumption. Then, the economy will end up shrinking. [Level 7 추가 답안] Secondly, the theater will not provide quality service to customers. Only the government can pour enormous funding into the welfare sector like this. Consequently, there will be no competitors. The government monopolizes the market with no rivals to win it over. That's why I strongly say that the government should not spend money on building more theaters.

저는 정부가 더 많은 극장을 짓는 데에 돈을 들여야 한다는 것에 반대합니다. 제 의견을 뒷받침하는 몇 가지 이유들이 있습니다. 첫째, 정부는 시민들에게 더 많은 세금을 내도록 강요하게 될 것입니다. 높은 조세율은 사

람들이 열심히 일하고 싶은 동기를 사라지게 할 것이고, 이와 동시에 지연스럽게 소비를 위축시킬 것입니다. 그러면 결국 경기가 둔화될 것입니다. 둘째로, 극장은 질 좋은 서비스를 제공하지 못 할 것입니다. 오로지 정부만이 막대한 자금을 이와 같은 사회 복지 분야에 지원할 수 있습니다. 결과적으로 아무런 경쟁자가 없게 됩니다. 정부는 경쟁해야 할 라이벌이 아무도 없는 상태로 시장을 독점하게 될 것입니다. 이 때문에 저는 정부가 더 많은 극장을 짓는 데 돈을 들일 필요가 없다고 강력하게 주장하는 바입니다.

consumption 소비 **shrink** 줄어들게 하다 **enormous** 막대한 **funding** 자금 **welfare** 복지 **monopolize** 독점하다

Actual Test 04

★ 실전 모의고사 04회
⇨ 문제지 P31

Questions 1-2
🔊 Answer_04_01~02

↗ 올려 읽기, ↘ 내려 읽기, / 끊어 읽기,
볼드체 강조하기, ‿ 연음, ▓ 강세

Question 1

I'm **Phil Davison**,↘ / your tour guide from **Rocky Mountain Tracking**.↘ // It is a **perfect day** for **hiking**.↘ // Average **temperatures** will be around **22℃**↗ / and we **only** have a **5%** chance of rain.↘ // It will take **3 hours**↗ or more to **reach** the **top** of the mountain.↘ // On the **way up**,↗ / we might have unexpected changes / in the **weather**.↘ // Please don't forget to **bring** your **warm clothes**.↘ //

로키 산 트래킹 가이드를 맡은 필 데이비슨입니다. 오늘은 하이킹하기 완벽한 날씨입니다. 평균 기온이 약 섭씨 22도이고 비가 올 확률은 5%밖에 되지 않습니다. 산 정상에 오르기까지 3시간 이상이 걸릴 것입니다. 정상에 오르는 동안 예상하지 못한 날씨 변화를 경험할 수도 있습니다. 따뜻한 옷을 준비해 오는 것을 잊지 마세요.

average temperature 평균 온도 **unexpected** 예기치 않은

Question 2

Richardson Centre is **pleased** to **announce** that it is **undergoing** an internal **renovation** / in the **northwest wing** of **Stratford Mall**.↘ // The renovation is expected to begin / in **early March**↗ / and it is **anticipated** that **all new**↗ and relocated retail stores in that part of the mall / will be back in **place** within about **12 months** / from the start of **renovation**.↘ //

리처드슨 센터에서는 스트래트퍼드 몰의 북서쪽 건물의 내부를 수리하기로 했다는 사실을 기쁜 마음으로 알려 드립니다. 내부 수리는 3월 초에 시작될 예정이며 새로 입점할 상점들과 이전할 상점들은 수리 시작 대략 12개월 안에 자리를 잡을 것으로 예상됩니다.

undergo 겪다 **internal** 내부의 **renovation** 수리 **wing** 부속 건물 **anticipate** 예상하다 **relocate** 이전하다

Question 3   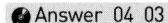 Answer_04_03

30초 준비 시간 활용하기

장소	sidewalk
중심 대상	on the left side, a human statue in silver, wearing a silver fedora, standing on a platform, putting his right index finger in his mouth, gesturing for a photo
주변 대상	next to him, a woman, wearing a blue jumper, hugging his leg with her right arm
마무리	in the background, vehicles are passing by on the street, trees have no leaves

45초 답변하기

In this picture, I can see two people on a sidewalk. On their left is a human statue dressed in silver from top to toe. He is wearing a silver fedora. He is standing on a platform. He is putting his right index finger in his mouth. I think he is gesturing for a photo. Next to him, a woman wearing a blue jumper is hugging his left leg with her right arm. [Level 7 추가 답안] At the same time, she is putting her left hand in her pocket. She might be smiling at the camera in front of her. I will guess she is a traveler. In the background of the picture, vehicles are passing by on the street. Since the trees have no leaves, it is probably the winter season.

이 사진에서는 보도에 있는 두 사람을 볼 수 있습니다. 그들 중 왼쪽의 인간 동상은 머리부터 발끝까지 은색입니다. 그는 은색 중절모를 썼습니다. 그는 연단 위에 올라가 있습니다. 그는 오른쪽 집게손가락을 자기 입에 넣고 있습니다. 사진을 위해 포즈를 취하고 있는 것 같습니다. 그의 옆에 파란색 점퍼를 입은 여자가 그의 왼쪽 다리를 오른쪽 팔로 감싸고 있습니다. 동시에 그녀의 왼손은 주머니에 넣고 있습니다. 앞에 있는 사진기를 보고 웃고 있는 것 같습니다. 아마도 그녀는 여행자인 것 같습니다. 사진의 배경에 자동차들이 거리를 지나가고 있습니다. 나무에 나뭇잎이 없는 것을 보니 아마 겨울 즈음인 것 같습니다.

statue 동상 **fedora** 중절모 **platform** 연단 **index finger** 집게손가락 **gesture** 몸짓을 하다 **vehicle** 차량

Questions 4-6   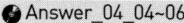 Answer_04_04~06

내레이션 시간 활용하기

주제: 식당

Italian restaurant, pasta and salad with a glass of wine, waiters

Question 4

당신은 식사하러 어떤 식당을 자주 가나요?

15초 답변하기

I frequently visit Italian restaurants to have a meal. I usually order pasta and salad with a glass of white wine. [Level 7 추가 답안] When I visit a restaurant with my friends, I order a pizza as well. The best pizza I've had at a restaurant is bacon and onion pizza.

저는 주로 밥을 먹으러 이태리 식당에 갑니다. 저는 주로 파스타와 샐러드를 화이트 와인 한 잔과 함께 주문합니다. 친구들과 함께 갈 때면 피자도 시킵니다. 그 식당의 최고의 피자는 베이컨과 양파 피자입니다.

Question 5

하루 중 당신의 지역에 있는 식당들이 가장 붐비는 시간은 언제인가요?

15초 답변하기

Restaurants in my town are crowded with people at lunch during a day. As our town has a business district, many office workers head to restaurants at lunch. [Level 7 추가 답안] Some popular restaurants let people wait in line.

저희 지역의 식당들은 하루 중 점심시간에 사람들로 붐빕니다. 이 지역에는 비즈니스 지구가 있어서 많은 사무 직원들이 점심시간에 식당으로 향합니다. 인기 있는 식당은 줄을 서야 하는 경우도 있습니다.

district 지역 **wait in line** 줄을 서서 기다리다

Question 6

당신은 새로운 식당에서 식사해 보는 것을 좋아하나요, 익숙한 식당에서 식사하는 것을 좋아하나요?

30초 답변하기

I like to have a meal at my favorite restaurant. When I visit there, the waiter who knows me serves me the same pasta and salad. The dishes always suit me. I am never disappointed with the taste and service of the restaurant. [Level 7 추가 답안] Additionally, I have a designated seat at the restaurant. I always feel comfortable when I have a meal there. That's why I accompany my close friends there and have meals with long conversations.

저는 제가 좋아하는 식당에서 식사하는 것을 좋아합니다. 그곳을 방문하면 저를 아는 웨이터가 같은 파스타와 샐러드를 가져다줍니다. 음식이 언제나 제 입맛에 딱 맞습니다. 저는 한 번도 그 식당의 맛과 서비스에 실망해 본 적이 없습니다. 게다가, 저는 그 식당에 지정석이 있습니다. 그곳에서 식사를 하면 편안함을 느낍니다. 그래서 저는 친한 친구와 동행해서 식사를 하며 긴 대화를 나누곤 합니다.

suit 맞다 **designated seat** 지정석 **accompany** 동행하다

Questions 7-9

🎧 Answer_04_07~09

30초 준비 시간 활용하기

❶ 기본 정보: 1월의 어느 목요일 영화 상영 시간표

리갈 밸리 영화관

상영 시간표: 1월 25일 목요일

❸ 상영 시간: 1시간대는 5개, 2시간대는 2개, 가장 짧은 영화는 1시간 25분, 긴 영화는 2시간 30분

❷ 제목: 영화 중 3개가 신작

❹ 시간표: 가장 빠른 영화는 〈아바타〉, 오후에만 상영되고 가장 늦게 시작하는 영화는 〈이빨 요정〉

제목	상영 시간	상영 일정	등급
특별 조치	1시간 46분	오전 8시, 오전 10시, 오후 4시	PG
리전 신작!	1시간 40분	오전 7시 50분, 오전 11시 40분, 오후 6시	R
이빨 요정	1시간 42분	오후 2시, 오후 4시, 오후 6시	PG
일라이	1시간 58분	오전 11시, 오후 3시 15분, 오후 5시 25분	R
셜록 홈즈 신작!	2시간 14분	오전 10시, 오후 12시 50분, 오후 3시 30분	PG-13
앨빈과 슈퍼밴드	1시간 25분	오전 9시 25분, 오후 3시 40분, 오후 5시	PG
아바타 신작!	2시간 30분	오전 7시 30분, 오전 10시 30분, 오후 2시	PG-13

❺ 등급: PG 등급이 3개, R과 PG-13은 모두 2개씩

(PG: 부모 지도 필요, PG-13: 13세 미만에게 부적절, R: 미성년자 관람 제한)

- 어린이: 6달러, 성인: 9달러, 노인: 6달러
- 11세 이하 어린이만 어린이 티켓 발급 가능

❻ 추가 정보: 어린이, 성인, 노인 각각의 요금 확인, 아이들 티켓을 받는 기점

Hello, my name is Sandra Miller. I would like to reserve a movie ticket online on your website. However, I am having trouble with my computer, so I cannot log onto the website. Could you answer some of my questions, please?

안녕하세요, 제 이름은 샌드라 밀러입니다. 웹 사이트에서 온라인으로 영화 표를 예매하고 싶습니다. 그런데 제 컴퓨터에 문제가 있어서 웹 사이트에 로그인을 할 수가 없습니다. 몇 가지 질문에 답변해 주시겠습니까?

run time 상영 시간 **show time** 상영 일정 **rate** 등급 **inappropriate** 부적절한 **restricted** 제한된 **valid** 유효한 **log onto** ~에 접속하다

Question 7

What times are available to see *The Tooth Fairy* on January 25th?

1월 25일에 〈이빨 요정〉을 볼 수 있는 시간이 언제입니까?

15초 답변하기

Let me check it for you. We have three show times, 2 p.m., 4 p.m., and 6 p.m. on Thursday, January 25th. [Level 7 추가 답안] The run time of *The Tooth Fairy* is about 1 hour and 42 minutes.

제가 확인해 드리겠습니다. 1월 25일 목요일에 오후 2시와, 4시, 6시 총 3번 상영됩니다. 〈이빨 요정〉의 상영 시간은 약 1시간 42분입니다.

Question 8

If I go to see a movie with my kids, can I get a discount?

제가 아이들과 함께 영화를 보러 가면 할인받을 수 있습니까?

15초 답변하기

Yes. If your kids are 11 years old and under, you only pay 6 dollars for each child ticket. [Level 7 추가 답안] However, if you come with a child over 12 years old, the admission fee for the child is 9 dollars.

네, 당신의 아이들이 11살 이하라면, 어린이 티켓 장당 오직 6달러에 사실 수 있습니다. 하지만 12살 이상의 아이와 함께 오신다면 입장료는 9달러입니다.

admission fee 입장료

Question 9

I am interested in your newest movies. Do you have any movies you can recommend to me?

저는 최신 영화에 관심이 있습니다. 제게 추천해 줄 영화가 있으십니까?

30초 답변하기

I can recommend three new films. Two of them are PG-13 rated films. One is *Sherlock Holmes* and the other is *Avatar*. The last one is *Legion* whose running time is 1 hour and 40 minutes. It's rated R and you have 3 show times, at 7:50 a.m., 11:40 a.m. and 6:00 p.m. [Level 7 추가 답안] In the case of *Avatar*, it will run for 2 hours and 30 minutes, which is the longest time in our cinema. We hope you enjoy any of these movies you would like to see.

최신 영화 3편을 추천 드립니다. 두 편은 PG-13 등급 영화입니다. 하나는 〈셜록홈즈〉이고 다른 하나는 〈아바타〉입니다. 마지막은 〈리전〉인데, 상영 시간은 1시간 40분입니다. 등급은 R이고 오전 7시 50분, 오전 11시 40분, 오후 6시 이렇게 세 번 상영합니다. 〈아바타〉의 경우에는 2시간 30분간 상영되는데 저희 극장에서 가장 상영 시간이 깁니다. 원하시는 영화를 즐기시길 바랍니다.

Question 10

Answer_04_10

Hello, this is Lucy. As you may know, our company is holding its year-end party this week. As I am the designated manager for this event, I have many things to do, such as reserving catering and sending invitations. Unfortunately, we have a problem finding a suitable location for the party. I can't find a hotel where we can hold the party within our current budget. All the banquet halls I could reserve are too expensive. I urgently need to resolve this problem, as I have only four days to prepare. You were in charge of our year-end party last year, so I thought you might be able to help me find a good solution. Please call me back if you have any ideas. Thank you.

안녕하세요, 루시입니다. 아시다시피, 우리 회사가 이번 주에 연말 파티를 엽니다. 제가 행사의 책임자로 임명되었기 때문에 저는 출장 음식 서비스를 요청하거나 초대장을 보내는 것과 같이 할 일이 많습니다. 안타깝게도 파티를 위한 적당한 장소를 찾는 데 문제가 생겼습니다. 현재 우리의 예산으로 예약할 수 있는 호텔을 찾지 못했습니다. 제가 예약할 수 있는 모든 연회장은 너무 비쌉니다. 준비 시간이 4일밖에 없어서 급히 이 문제를 해결하지 않으면 안 됩니다. 작년 연말 파티의 책임자이셨으니 혹시 좋은 해결책으로 도와줄 수 있지 않을까 합니다. 좋은 생각이 있으시면 연락 주십시오. 감사합니다.

year-end 연말의 **catering** 출장 연회업 **designated** 지정된 **banquet hall** 연회장

30초 준비 시간 활용하기

전화 건 사람	Lucy
나의 신분	manager for the year-end party last year
문제점	can't find hotel within our current budget
요구 사항	help me find a good solution
해결책	recommend the Yellowstone Hotel
추가 설명	10km from the city, have lower pricing for halls

60초 답변하기

Hello, this is Earl Hampton returning your call. I received your message saying you are having trouble finding a place for our year-end party. You also told me that most of the hotels in the city don't have any vacant halls or rooms. Don't worry. I can recommend the Yellowstone Hotel, which is located near the airport. Since the hotel is about 10km from the city, they have lower pricing for their halls. If you want to book a hall, they can offer one of their gorgeous banquet halls at a reasonable price. I will fax you the information about the hotel. [Level 7 추가 답안] Otherwise why don't we hold the party in the cafeteria of our company? Even though it is not that fancy, we could hold the event without paying a fee. At the same time, we could hold a fund raising event to add to our current budget. If we sell some used items, we could make money. If you need more assistance, please call me anytime. Good luck to you. Bye.

안녕하세요. 얼 햄프턴입니다. 당신이 이번 연말 파티를 위한 장소 물색에 고충이 많다는 메시지 받았습니다. 또한 도심에 있는 호텔 대부분 빈 홀이나 방이 없다고도 하셨습니다. 걱정하지 마세요. 저는 공항 근처에 있는 옐로스톤 호텔을 추천해 드리고 싶습니다. 그 호텔은 도심에서 10킬로미터 정도 떨어져 있어서 홀 이용 금액이 저렴합니다. 홀을 예약하고 싶으시다면 호텔 측에서 멋진 연회장 중 하나를 적당한 가격에 제공할 수 있을 겁니다. 제가 호텔 정보를 팩스로 보내 드리겠습니다. 그렇지 않으면 파티를 우리 회사의 식당에서 여는 것은 어떻습니까? 아주 화려하지는 않지만 비용을 내지 않고 행사를 열 수 있습니다. 동시에 부족한 현재 예산을 충당하기 위한 기금 모금 행사를 열 수 있을 겁니다. 만약 중고품들을 판다면 돈을 벌 수 있을 겁니다. 더 도움이 필요하시다면, 언제든지 전화 주세요. 행운을 빌겠습니다. 안녕히 계세요.

vacant 빈 **gorgeous** 화려한 **reasonable** 합리적인 **fancy** 고급의 **assistance** 도움

Question 11   Answer_04_11_1~3

직원이 직장에서 성공하기 위해 가져야 할 가장 중요한 것은 무엇입니까? 다음 중 하나를 고르고, 당신의 주장을 뒷받침하는 구체적인 이유나 예를 들어 주세요. 유머 감각, 외모, 책임감

15초 준비 시간 활용하기

의견	responsibility
이유	Responsible workers do not pass their own tasks on to others.
설명/예시	Responsible people handle tasks by themselves.

60초 답변하기

I think the most important factor an employee should have for work success is responsibility. I have some reasons to support my opinion. The main reason is that responsible workers do not pass their own tasks on to others. Responsible people handle tasks by themselves. They do not want to burden other people because other people have their own duties. If the deadline for work is sooner than expected, they finish the job alone working overnight. They never redistribute this burden to other people. [Level 7 추가 답안] Another reason is that responsible workers accumulate knowledge very quickly. To be specific, they do the work by themselves. This means they have more opportunities to learn. As they are involved in more tasks, they have more knowledge and skills. **For this reason, I think employees need to have a sense of responsibility for workplace success.**

저는 직원이 직장에서 성공하기 위해 가져야 할 가장 중요한 것은 책임감이라고 생각합니다. 제 주장을 뒷받침하는 몇 가지 이유가 있습니다. 가장 중요한 이유는, 책임감이 있는 사람들은 자신의 일을 남에게 떠넘기지 않는다는 것입니다. 책임을 다하는 사람은 업무를 스스로 처리합니다. 다른 사람들도 그들의 업무가 있기 때문에 책임감 있는 사람들은 다른 사람에게 부담 주는 것을 원하지 않습니다. 만약 업무의 마감일이 예상보다 빨라졌다 하더라도, 그들은 밤샘 작업으로 혼자서 업무를 마무리합니다. 그들은 절대 다른 사람들에게 이런 부담을 주지 않습니다. 또 다른 이유는 책임감이 있는 사람은 매우 빠른 속도로 지식을 축적한다는 것입니다. 자세히 말하자면, 그들은 업무를 스스로 처리합니다. 이것은 곧 그들이 배울 기회를 더 많이 가지게 된다는 것을 의미합니다. 더 많은 업무를 처리하면 할수록, 그들은 더 많은 지식과 기술을 쌓을 것입니다. 이러한 이유들 때문에, 저는 직원들이 성공하기 위해서 책임감을 가져야 한다고 생각합니다.

task 일 **handle** 처리하다 **burden** 부담을 지우다 **duties** 업무 **deadline** 기한 **redistribute** 재분배하다 **accumulate** 축적하다

15초 준비 시간 활용하기

의견	sense of humor
이유	Humorous people tend to have good interaction with others.
설명/예시	It creates a good working atmosphere.

60초 답변하기

I think the most important attribute an employee should have for a successful career is a sense of humor. First, most humorous people tend to have good interaction with others by using good communication skills. They will smoothly lead a conversation and help co-workers to easily get along with others. Eventually, all workers will be able to develop intimate relationships even at work. It creates a good working atmosphere. [Level 7 추가 답안] Second, humorous people tend to think very positively. Sometimes they break the ice and bring lots of humor to the workplace. Their sense of humor helps all the workers around them enjoy working and with less stress. It's good for productivity. That's why I think an employee should have a sense of humor to be successful in a career.

직원이 일에 성공하기 위해서 지녀야 할 가장 중요한 자질은 유머 감각인 것 같습니다. 첫째, 대부분의 유머가 있는 사람들은 훌륭한 의사소통 능력을 활용해서 사람들과 좋은 관계를 갖는 것 같습니다. 그들은 부드럽게 대화를 이끌 것이고, 동료들이 쉽게 어울릴 수 있도록 도울 것입니다. 결과적으로 모든 직원들은 직장이라는 곳에서도 친밀한 관계를 가지게 될 것입니다. 이것은 좋은 근무 환경을 만듭니다. 둘째로, 유머가 있는 사람들은 매우 긍정적으로 생각하는 경향이 있습니다. 때때로, 그들은 썰렁함을 깨기도 하고, 직장에 유머를 자주 선사합니다. 그들의 유머 감각은 주변 사람들로 하여금 적은 스트레스로 일을 즐길 수 있게 도와줍니다. 이것은 생산성에 좋습니다. 이 때문에 저는 직원이 일에 성공하기 위해서는 유머 감각을 가져야 하는 것 같습니다.

attribute 자질 **get along with** ~와 잘 지내다 **intimate** 친밀한 **break the ice** 분위기를 살리다

15초 준비 시간 활용하기

의견   good looks

이유   Many people tend to favor good looking people.

설명/예시   They can do their tasks without too much difficulty.

60초 답변하기

I think the most important factor to succeed in a career is that an employee has good looks for some reasons. Most of all, many people tend to favor good looking people. As a result, good looking people can easily get help from others. Their looks help them to get through difficult situations at work. Therefore, they can do their tasks without too much difficulty. [Level 7 추가 답안] Secondly, good looking people have strong self-discipline. Good looking people tend to maintain a perfect body shape. To keep their healthy condition they try to wake up early, work out regularly and even watch their eating habits. These self-management skills help them be more successful at work. Based on this reason, I think that an employee that has good looks is very important to succeed in a career.

몇 가지 이유로 일에서 성공하기 위해서 가장 중요한 요인은 직원이 좋은 외모를 가져야 한다고 생각합니다. 무엇보다, 많은 사람들이 외모가 좋은 사람에게 호의적입니다. 결과적으로 좋은 외모를 가진 사람들은 그들로부터 쉽게 도움을 받을 수 있습니다. 그들의 외모는 일하는 데 있어서 어려운 일을 헤쳐 나가는 데 도움을 줍니다. 그러므로 그들은 업무를 큰 어려움 없이 할 수 있게 됩니다. 둘째로, 외모가 좋은 사람들은 강한 자기 절제력을 가지고 있습니다. 외모가 좋은 사람들은 몸매가 좋은 경향이 있습니다. 이러한 상태를 유지하기 위해, 그들은 아침 일찍 일어나고, 꾸준히 운동하려 노력하고, 심지어 먹는 습관도 조심합니다. 이러한 자기 관리 능력은 그들이 일에서 성공할 수 있도록 도움을 줄 것입니다. 이러한 이유에서, 제 생각에 직원이 좋은 외모를 가지는 것이 일에서 성공하는 데 매우 중요한 것 같습니다.

self-discipline 자기 훈련 **self-management** 자기 관리

Actual Test 05

→ 문제지 P38

Questions 1-2

🔊 Answer_05_01~02

♪ 올려 읽기, ↘ 내려 읽기, / 끊어 읽기,
볼드체 강조하기, ___ 연음, ▓ 강세

Question 1

According to recent research,♪ / scientists at **University of Mississippi** have **discovered one** reason / that obese people eat **more** than they need.↘ // **Ericka Myers** of the **Mississippi Research Institute** said,♪ / "That is because they have gotten used to **overeating** and being **sedentary**.↘ // To **change** this **eating habit**,♪ / they **should start** their day with a **workout**."↘ //

최근 연구에 의하면 미시시피 대학의 과학자들이 비만인 사람들이 필요 이상으로 먹는 한 가지 이유를 발견했다고 합니다. 미시시피 연구소의 에리카 마이어스는 "그것은 그들이 과식과 앉아서 하는 일에 익숙해져 있기 때문입니다. 이 식습관을 바꾸기 위해서는 운동으로 하루를 시작해야 합니다."라고 말했습니다.

obese 비만인 **institute** 협회 **overeating** 과식 **sedentary** 앉아서 하는 일 **workout** 운동

Question 2

The **great** musicians use various brands of **pianos** / for **public concerts** / before a **variety** of audiences.↘ // However,♪ / you will **notice** that those who care **most** for their professional reputations usually select the brand **Caldwell**.↘ // **The Caldwell Concert Grand** piano has **gained** its **prestige** / in the **musical world** / because artists have **found** it **essential** / for their **best performances**.↘ // For your own **studios** and **recitals**,♪ / **Caldwell** is the **perfect choice**.↘ //

다양한 청중을 대상으로 열리는 대중 콘서트에서 위대한 음악가들은 여러 가지 브랜드의 피아노를 사용합니다. 그러나 전문가적인 명성을 중시하는 사람들이 주로 콜드웰 피아노를 선택한다는 것을 알 수 있습니다. 많은 예술가들이 자신의 최고의 공연을 위해서는 콜드웰 피아노가 필수라는 것을 알고 있기 때문에 콜드웰 콘서트 그랜드 피아노는 명성을 쌓아올 수 있었습니다. 여러분의 작업실에서나 공연을 위해 콜드웰 피아노는 완벽한 선택입니다.

public concert 대중 음악회 audience 청중 reputation 명성 prestige 위신 essential 필수적인 recital 연주회

Question 3

Answer_05_03

30초 준비 시간 활용하기

장소	fountain
중심 대상	in the center, four protesters, sitting, holding some paper boards, 'No more war', 'Stop this bloodshed', be in a rally
주변 대상	see a woman on the far right, wearing fur boots
마무리	based on their clothes, chilly

45초 답변하기

This picture was taken in front of a fountain. In the center of the picture, four protesters are sitting at the edge of the fountain. All of them are holding some poster boards with messages about war. Some are saying 'No more war', others are saying 'Stop this bloodshed'. They might be in a rally against the war and the government's policies. I can see their figures only partly since their protest signs are so big but I can see a woman on the very right is wearing fur boots. Based on their clothes, it might be chilly. [Level 7 추가 답안] Behind them, I can see a sculpture that is standing in the middle of the fountain.

이 사진은 분수 앞에서 찍혔습니다. 사진의 가운데에 네 명의 시위자들이 분수의 가장자리에 앉아 있습니다. 그들 모두는 전쟁 관련 문구가 쓰인 포스터를 들고 있습니다. 어떤 것에는 '전쟁은 이제 그만'이라고 쓰여 있고, 다른 것에는 '이런 유혈 사태는 그만'이라고 쓰여 있습니다. 그들은 아마도 전쟁과 정부의 정책에 반대하는 집회에 참석하고 있는 것 같습니다. 그들이 들고 있는 피켓이 너무 커서 그들의 모습을 부분적으로밖에 볼 수 없지만 제일 오른쪽의 여자가 털 부츠를 신고 있는 것은 확인할 수 있습니다. 그들의 옷으로 보아 날씨가 추운 것 같습니다. 그들 뒤로 분수 가운데에 놓인 조각상을 볼 수 있습니다.

fountain 분수 **protester** 시위자 **edge** 가장자리 **bloodshed** 유혈 사태 **rally** 집회 **figure** 모습 **partly** 부분적으로 **protest** 항의 **fur** 털 **sculpture** 조각상

Questions 4-6

Answer_05_04~06

내레이션 시간 활용하기

주제: 이웃

barbecue, in a nearby park, spacious, help each other

Question 4

당신은 이웃과 주로 무엇을 하나요?

15초 답변하기

I usually have a barbecue with my neighbors. We gather in a nearby park and share dishes together. [Level 7 추가 답안] While we are having a good time there, we share our daily lives and our concerns.

저는 주로 이웃들과 바비큐 파티를 합니다. 우리는 근처 공원에 모여 음식을 함께 먹습니다. 우리는 그곳에서 즐거운 시간을 보내면서, 일상과 고민을 공유합니다.

gather 모으다 **dish** 요리 **daily life** 일상생활 **concern** 걱정 **be willing to** 기꺼이 ~하다

Question 5

이웃과 만나기 좋은 장소는 어디인가요?

15초 답변하기

A good place for us to meet is the park, which I mentioned before. It is very spacious. Also, it has beautiful scenery and luxuriant leaves. [Level 7 추가 답안] When we are there, we can forget our woes and enjoy peace of mind. That's the reason we have a regular gathering in the park every Sunday morning.

만나기 좋은 장소는 앞에서 언급한 바 있는 공원입니다. 이곳은 매우 넓습니다. 또한, 경치가 아름답고 나뭇잎이 울창합니다. 거기에 있을 때면, 우리는 근심 걱정을 잃어버리고 마음의 평화를 얻을 수 있습니다. 이러한 이유로 우리는 매주 일요일 아침 정기적으로 모임을 갖습니다.

spacious 널찍한 **scenery** 경치 **luxuriant** 무성한 **woe** 고민

Question 6

당신의 이웃이나 지역의 좋은 점은 무엇인가요?

30초 답변하기

There are so many good points about my neighbors and my town. When it comes to my neighbors, we are so close that we have no hesitation to help each other. An aspect of my town which I like is it is very clean and quiet. I think it is the best environment for raising children. [Level 7 추가 답안] Actually, last month I had to move some heavy furniture in my house. At that time, my neighbor ran up to me and gave me a helping hand. Additionally, my kids usually go out and play in a nearby park. It is a very healthy activity for them.

저의 이웃과 지역의 좋은 점은 아주 많습니다. 이웃의 경우에는 너무 친해서 서로를 돕는 것에 망설임이 없습니다. 지역에 대해 좋은 것은, 굉장히 깨끗하고 조용하다는 것입니다. 제 생각에는 아이들을 기르기 최적의 조건인 것 같습니다. 실제로 지난달 집에서 무거운 가구를 옮겨야 했을 때, 이웃이 달려와 도움을 주었습니다. 또한, 우리 아이들은 종종 근처 공원에 나가 놉니다. 이것은 아이들에게 매우 건강한 활동입니다.

when it comes to ~에 관한 한 **hesitation** 망설임 **aspect** 측면 **environment** 환경 **raise** 기르다

Questions 7-9

30초 준비 시간 활용하기

송장
04/ 15/ 2013

❶ 기본 정보: 내슈빌에 사는 로버트에게 보내는 송장

이름 로버트 스튜어트
주소 내슈빌 드라이브 3928번지
도시 테네시 주 내슈빌
전화 930-232-5322
우편번호 24432

❷ 수량: 전구만 2, 나머지는 1개
❹ 상품: 전구, 절단기, 압축기, 1시간의 노동

수량	부품 번호	설명	가격(달러)	금액(달러)
2	14722	전구 (박스당 10개)	0.50	1.00
1	23455	절단기	5.65	5.65
1	12670	압축기	19.35	19.35
1		1시간 작업 (시간당 50달러)	50.00	50.00

압축기 교체했음
전부 상태 좋음

❸ 부품 번호: 부품 번호가 없는 것은 노동에 대한 청구 부분

소계	76.00
세금	1.56
총 금액	77.56

• 반품 불가: 특별 주문 시/ 전기 부품/ 영수증 미지참/ 30일 이후
❹ 추가 정보: 교체한 부분, 상태 언급, 환불 규정
❺ 금액: 세전, 세금, 세후의 금액

Hello, my name is Robert Stewart. I ordered some items from your store, and got the invoice yesterday. However, I have lost it, so I don't know how much I should pay for the charges. Could you help me with my questions, please?

안녕하세요, 저는 로버트 스튜어트입니다. 제가 가게에서 몇 가지 물건을 주문했고 어제 송장을 받았습니다. 그런데 그 송장을 잃어버려서 제가 얼마를 지불해야 하는지 모르겠습니다. 몇 가지 질문에 대답해 주시겠습니까?

invoice 송장 **quantity** 수량 **bulb** 전구 **cutter** 절단기 **impeller** 압축기 **labor** 노동 **subtotal** 소계 **charge** 요금

Question 7

Could you tell me how many bulbs I ordered?
제가 전구를 몇 개 주문했는지 말씀해 주실 수 있습니까?

15초 답변하기

You ordered two boxes of bulbs. The price of each box is 50 cents. [Level 7 추가 답안] So we charged you one dollar for those items.

당신은 전구 2박스를 주문하셨습니다. 박스 하나당 50센트이기 때문에 1달러를 청구했습니다.

Question 8

As far as I remember, the total amount does not include sales tax. Is that correct?
제가 기억하기로는 전체 금액에 세금이 포함되지 않는 것으로 알고 있습니다. 맞습니까?

15초 답변하기

No, I'm afraid that is not correct. Your total amount is $77.56 including sales tax. [Level 7 추가 답안] To specify, your subtotal is $76 and the sales tax on that is $1.56.

아니요, 그건 아닙니다. 총 금액은 세금을 포함해서 77달러 56센트입니다. 정확히 말씀드리자면, 소계 76달러에 세금으로 1.56달러가 붙습니다.

Question 9

If I want to get a refund, what should I keep in mind? Could you tell me more about your return policy?

환불을 받고 싶으면 어떠한 사항들을 숙지해야 합니까? 환불 정책에 대해 자세히 알려 주실 수 있습니까?

30초 답변하기

There are several things you should keep in mind, when you demand a refund. Firstly, we don't give you a refund on special orders or electrical parts. Also, there will be no returns without your original receipt. Lastly, you should claim a refund within 30 days after the purchase. [Level 7 추가 답안] If you want, I will send the invoice to your email.

환불을 요청하실 때, 명심해야 할 몇 가지 사항들이 있습니다. 첫째, 특별 주문과 전기 부품은 환불해 드릴 수 없습니다. 또한 영수증 원본 없이는 환불해 드릴 수 없습니다. 마지막으로, 구매 후 30일 이내로 환불을 요청해야 합니다. 원하신다면 송장을 이메일로 보내 드리겠습니다.

demand 요구하다 **claim** 요구하다

Question 10

Answer_05_10

Hello, Ms. Vargas. This is Carl from the human resource department. We have had a huge job opening for several weeks. Luckily, many job seekers showed their interest in our company, so next Monday we will have over 100 job interviews. However, I have a huge concern. I think there might be some parking problems on our interview day. These days as more and more employees commute by car, our employees have complained about a shortage of parking space. Under this circumstance, there might be no parking places to accommodate all the interviewees. With only a few more days left, I know it is impossible to build a parking lot but as you are the boss, please tell me how I should handle this problem.

안녕하세요, 바가스 씨. 인사부의 칼입니다. 회사에서 몇 주에 걸쳐 대대적인 구인 활동을 했습니다. 다행히 많은 구직자들이 우리 회사에 관심을 가져 주어, 다음 주에는 100건이 넘는 면접이 있을 예정입니다. 그러나 큰 걱정이 있습니다. 면접 당일에 주차 문제가 있을 것 같습니다. 요즘 많은 직원들이 자차로 출퇴근을 하면서 주차 공간이 부족하다는 불만을 제기해 왔습니다. 이러한 상황이라면 당일 방문자들이 이용할 수 있는 주차 공간이 없을 것 같습니다. 면접까지 며칠 남지 않았기 때문에 새로운 주차장을 짓는 것은 불가능할 것 같습니다. 사장님께서 이 문제를 어떻게 해결했으면 좋겠는지 답변해 주시기 바랍니다.

commute 통근하다 **shortage** 부족 **circumstance** 상황 **handle** 처리하다

30초 준비 시간 활용하기

전화 건 사람	from the human resource department
나의 신분	boss
문제점	parking problems on the interview day
요구 사항	how to handle this problem
해결책	ask our employees not to drive their own car on that day
추가 설명	they are willing to put up with discomfort on that day.

60초 답변하기

Hello, Carl at the human resource department. I heard your voice message asking for some ideas on how to deal with the parking lot problem on our interview day. To solve the problem, why don't we ask our employees not to drive their own cars on that day? I know they feel it is inconvenient, but there's no other way. They should understand that we can't construct a new parking lot within a few days. Also, I think you'd better explain how important it is to hire new recruits this year. Then, they will be more willing to put up with the discomfort on that day. [Level 7 추가 답안] Otherwise, why don't we also encourage the job interviewees to get here by public transportation? If they can be reimbursed for the transportation fare from our company, they will be willing to travel not by their own cars but by bus or subway. I know it costs a lot. However, it is less costly than building or renting additional parking spaces. If you need more help from me, please don't hesitate to call me any time.

안녕하세요. 인사부 칼 씨. 면접 당일에 있을 주차장 부족의 문제를 어떻게 해결했으면 하는지에 대한 전화 메시지를 들었습니다. 이 문제를 해결하기 위해 우리 직원들에게 그날 차를 끌고 오지 말라고 하는 것은 어떨까요? 물론 불편하다는 것은 알지만, 다른 방법이 없습니다. 그들도 우리가 며칠 안에 새로운 주차장을 만들 수 없다는 것은 알아야 합니다. 동시에, 올해 신입 사원을 뽑는 것이 얼마나 중요한지도 말해 주어야 할 것 같네요. 그러면 직원들이 당일 있을 불편함을 잘 견뎌 줄 것입니다. 그렇지 않으면 면접자들에게 대중교통을 이용하라고 하면 어떨까요? 만약 모든 지원자들이 대중교통비를 지원받게 된다면 기꺼이 자차를 끌지 않고 버스나 지하철을 이용해 줄 것입니다. 비용이 많이 든다는 것은 알지만, 새로운 주차장을 짓거나 추가 주차 공간을 임대하는 것보단 비용이 적게 듭니다. 도움이 필요하다면 언제라도 연락주세요.

deal with ~을 다루다 **inconvenient** 불편한 **put up with** ~을 참다 **discomfort** 불편함 **reimburse** 배상하다 **hesitate** 망설이다

Question 11

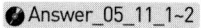 Answer_05_11_1~2

다음과 같은 말에 찬성합니까, 찬성하지 않습니까? "많은 사람들이 과거에 비해 건강에 더 많은 관심을 갖는다." 당신의 의견을 뒷받침하는 구체적인 이유나 예를 들어 주세요.

15초 준비 시간 활용하기

의견	agree
이유	as life expectancy is getting prolonged
설명/ 예시	Just living long is not a problem to them.

60초 답변하기

I agree that a lot of people have much more interest in their health than in the past. The first reason is that as life expectancy is getting prolonged, people have more concerns about their health. Just living long is not a problem to them, but the bottom line is how well they live and maintaining good health. As people have the desire to live a healthy life, at the same time they fear being afflicted by a serious disease, so they have a lot more interest in their health. [Level 7 추가 답안] In addition to that, these days people have more spare time and money. They want to spend it boosting their standard of living, and to do so, a necessary condition might be staying in good condition with regard to their health. Money, family, and life itself have no meaning without health. As they want to live well, they spend much more time and money to keep fit and healthy above all. This is the reason why I think many people today are so concerned with maintaining their good health.

저는 많은 사람들이 과거에 비해 건강에 더 많은 관심을 가지고 있다는 것에 동의합니다. 첫 번째 이유는 사람들의 기대 수명이 연장됨으로써 사람들은 건강에 더 많이 신경 씁니다. 사람들에게 단순히 오래 사는 것이 문제가 아니라 얼마나 건강을 유지하며 잘 사느냐가 더 중요합니다. 많은 사람들이 건강하게 살고 싶어 하면서 동시에 심각한 병에 걸려 고생하는 것을 걱정합니다. 그래서 그들은 건강에 더 많은 관심을 가집니다. 그에 더해, 요즘 사람들은 많은 여가 시간과 돈이 있습니다. 그들은 이것을 삶의 질을 향상시키는 데 쓰고 싶어 합니다. 그러기 위해서 필요한 조건은 건강을 유지하는 것입니다. 돈, 가족, 생명 그 자체는 건강 없이는 무의미합니다. 잘 살기를 원하는 만큼 그들은 더 많은 시간과 돈을 건강을 유지하는 데 우선 씁니다. 이러한 이유로, 오늘날 많은 사람들이 그들의 건강을 유지하는 데 관심이 많은 것 같습니다.

life expectancy 기대 수명 **prolong** 연장시키다 **bottom line** 핵심 **desire** 욕구 **afflict** 괴롭히다 **boost** 북돋우다

15초 준비 시간 활용하기

의견	disagree
이유	People have more interest in leisure time than their health.
설명/ 예시	They are willing to spend much money to play with their family.

60초 답변하기

I disagree that a lot of people have more interest in their health than in the past. There are several reasons to support my opinion. The main reason is that people have more interest in leisure time than their health. As people's income increases, they want to enjoy their life. They are willing to spend much money to play with their family. They believe focusing on their quality of life is followed by their health. [Level 7 추가 답안] The second reason is advanced medical technology. As medical technology develops, fewer people suffer from severe disease, and one day there may be no more incurable diseases. Naturally, they are not fearful to get sick too much. Based on this reason, I don't think many people have more interest in their health than in the past.

저는 많은 사람들이 과거보다 그들의 건강에 더 많은 관심을 가진다는 것에 동의하지 않습니다. 제 의견을 뒷

받침하는 여러 가지 이유들이 있습니다. 주된 이유는 사람들이 건강보다는 여가 생활에 더 많은 관심이 있기 때문인 것 같습니다. 사람들의 소득이 증가함에 따라 사람들은 그들의 삶을 즐기고 싶어 합니다. 사람들은 가족과 함께 지내기 위해서 기꺼이 많은 돈을 씁니다. 사람들은 자신의 삶의 질에 신경을 쓰게 되면 건강이 따라온다고 믿습니다. 두 번째 이유는 발달된 의료 기술입니다. 의료 기술이 발달됨으로 인해, 더 적은 사람들이 심각한 병으로 고생하게 되고, 언젠가는 더 이상 불치병이 없을 것입니다. 자연스럽게 사람들은 아픈 것에 대해 그렇게 많이 두려워하지 않을 것입니다. 이러한 이유로 과거보다 많은 사람들이 건강에 더 많은 관심을 가진다는 것에 동의하지 않습니다.

income 소득 **severe** 심각한 **incurable** 불치의

Actual Test 06

Questions 1-2　　　Answer_06_01~02

♪ 올려 읽기, ↘ 내려 읽기, / 끊어 읽기,
볼드체 강조하기, ___ 연음, ▓ 강세

Question 1

Are you **looking** for **hotels** for your **next trip**?♪ // Please visit **worldhotel.com** / without **hesitation**.↘ // Our 2013 New Year's special event is in progress **now**.↘ // We **offer** free breakfast vouchers to **parents** with children↘ / on their **vacations**.↘ // If three or **more families book** a **room**,♪ / an extra bed will be **provided free** of **charge**.↘ // **Thanks** to our **agreements** with the world's finest hotels,♪ / you will be able to experience the **best service**.↘ // If you want additional information,♪ / **please** call us at **070-123-1234**.↘ //

다음 여행을 위한 호텔을 찾고 계신가요? 그럼 주저 말고 worldhotel.com을 방문해 주세요. 2013년 새해를 맞아 특별한 이벤트를 진행하고 있습니다. 휴가로 아이를 동반하는 부모님께는 무료 조식 식사권을 제공해 드리고 있습니다. 3인 이상의 가족이 방을 예약하실 경우 추가 침대가 무상으로 제공됩니다. 저희는 세계 최고의 호텔들과 협약을 맺고 있어 최상의 서비스를 경험하실 수 있으실 겁니다. 추가 정보를 원하신다면, 070-123-1234로 전화 주세요.

hesitation 주저 **in progress** 진행 중인 **voucher** 상품권 **book** 예약하다 **free of charge** 무료로 **agreement** 협정

Question 2

Hello, I will **provide** you with the **57-minute** weather forecast now / from **RFM radio station**.↘ // Across the province,♪ / lots of rain **today**.↘ // From the **southern part** of **peninsula**,♪ / we will have strong winds♪ and **rain**.↘ // From the afternoon onwards,♪ / it should **gradually** clear up.↘ // **Please** do **not** forget to bring your umbrella↘ / on the way to **work** this **morning**.↘ // **Today**,♪ / the **average temperature** will be **21℃**,♪ / which is **lower** than in **previous years**.↘ // The high is **24℃**,♪ the low is **13℃**.↘ // This is Robin

Castaneda ↗ / of **RFM** radio station. ↘ //

안녕하세요, RFM 라디오 방송국의 57분 날씨 예보입니다. 전국에 걸쳐 비가 내리겠습니다. 강한 비바람이 남부 지방에서 내리기 시작하여, 오후부터 차츰 개겠습니다. 아침 출근길에 우산 챙기는 것 잊지 마시기 바랍니다. 오늘 평균 기온은 섭씨 21도로, 예년보다 낮겠습니다. 낮 최고 기온은 섭씨 24도, 최저 기온은 섭씨 13도 입니다. RFM의 로빈 카스타네다였습니다.

weather forecast 일기 예보 **peninsula** 반도 **gradually** 점차적으로 **average temperature** 평균 기온 **previous** 이전의

Question 3

Answer_06_03

30초 준비 시간 활용하기

장소	noodle-section of a food court
중심 대상	several people, standing, leaning, waiting for their meal, carrying bags
주변 대상	a man on the extreme right, turned around
마무리	a number of chefs, focusing on their jobs, look so busy

45초 답변하기

I guess this picture shows me a noodle-section of a food court. Several people are standing in line and leaning on the counter. They seem to be waiting for the meal they ordered. Some of them are carrying bags on their shoulders. The man on the extreme right side is looking back away from the counter. [Level 7 추가 답안] He is touching his chin with his left hand now. I think he is looking for some seat to have his meal. He placed his sunglasses on his forehead. Behind the counter there is an open kitchen. A number of chefs are focusing intently on their jobs. They look very busy.

이 사진은 푸드 코트의 면 요리 코너에서 찍힌 것 같습니다. 몇몇 사람들이 줄 서 있고, 카운터에 기대어 있습니다. 그들은 주문한 음식을 기다리는 것처럼 보입니다. 그들 중 몇몇은 어깨에 가방을 메고 있습니다. 가장 오른쪽에 있는 남자는 앞쪽을 향해 몸을 틀고 있습니다. 그는 왼손으로 턱을 만지고 있습니다. 아마도 식사할 자리를 찾는 것 같습니다. 그는 이마에 선글라스를 얹어 놓았습니다. 카운터 뒤에는 오픈 주방이 있습니다. 많은 요리사들이 일에 골똘히 열중하고 있습니다. 그들은 매우 바빠 보입니다.

stand in line 일렬로 서다 **lean on** ~에 기대다 **chin** 턱 **forehead** 이마 **chef** 요리사 **intently** 골똘하게

Questions 4-6

Answer_06_04~06

내레이션 시간 활용하기

주제: 단것

bad for my teeth, get energy, lollipop, check ingredients

Question 4

얼마나 자주 사탕을 드시나요?

15초 답변하기

I grab a bite of candy once in a while, maybe once a month on average. I keep away from candies for the sake of my teeth. [Level 7 추가 답안] However, when I feel tired or get exhausted I used to grab a bite of chocolate. Then I feel that it immediately energizes me.

저는 가끔 사탕을 먹습니다. 아마도 평균 한 달에 한 번 정도입니다. 저는 치아 건강을 위해서 사탕을 멀리합니다. 그러나 피곤하거나 지칠 때 초콜릿을 먹곤 합니다. 그러면 순간적으로 힘이 솟는 느낌이 듭니다.

grab a bite 간단히 먹다 **once in a while** 가끔 **keep away from** ~를 가까이 하지 않다 **for the sake of** ~을 위해서 **exhausted** 기진맥진한 **energize** 기운을 북돋우다

Question 5

당신의 나라에서 유명한 사탕은 무엇인가요?

15초 답변하기

I think the most popular sweet is a lollipop because it is easy to buy and safe for children to have. [Level 7 추가 답안] Actually, lots of lollipops are displayed right beside a cash register. It is easy to entice people to pick them up.

제 생각에 가장 인기 있는 사탕은 막대 사탕인 것 같습니다. 사기 쉽고, 아이들이 안전하게 먹을 수 있기 때문인 것 같습니다. 실제로 많은 막대 사탕들은 계산대 바로 옆에 비치되어 있습니다. 그래서 사람들이 쉽게 집을 수 있습니다.

lollipop 막대 사탕 **entice** 꾀다

Question 6

가게에서 단것을 살 때 무엇을 고려하시나요?

30초 답변하기

I check the candy's ingredients first when I pick up one of them in a store. Since I usually buy them for my kids, I ought to be sensitive to the ingredients. I always try to avoid artificial sweeteners. That's why I examine the labels on the wrapping paper. [Level 7 추가 답안] But it is hard for me to find safe candies in a store. I prefer to bake some cookies or bread with my own hands at home.

저는 상점에서 단것을 고를 때 제일 먼저 성분을 확인합니다. 저는 주로 아이들에게 줄 사탕을 사기 때문에 성분에 예민할 수밖에 없습니다. 저는 아이들을 위해서 인공 감미료를 피하려고 항상 노력합니다. 그래서 포장지에 있는 라벨을 꼼꼼히 확인합니다. 그러나 상점에서 안전한 사탕을 고르는 것은 매우 어렵습니다. 저는 집에서 손수 쿠키나 빵을 만드는 것을 선호합니다.

ingredient 성분 **sensitive** 예민한 **artificial** 인공적인 **sweetener** 감미료 **examine** 검사하다

Questions 7-9

30초 준비 시간 활용하기

유니크 건설 업체 워크숍

7월 14일 금요일
본관, 회의실 C

시간	세션	발표자
9:00~9:50	안전 교육	크리스토퍼 놀란
10:00~11:50	시연회: 보호 장비(장갑과 안전 조끼)사용법	제이 포터
12:00~1:00	점심 (구내식당)	
1:00~1:50	발표: 설계도 읽는 법	케일 홍
2:00~2:50	영상 시청: 건설 현장에 대한 궁금증	로이드 가마돈
3:00~3:50	실습: 건설 현장 방문	

* 워크숍 후, 모든 참석자들은 건설 현장 정리 정돈을 도와야 합니다.

Hello, my name is Jay Porter and I am one of the speakers at the Unique Construction Agency Workshop. I received an invitation card with the workshop schedule. This morning I tried to check my topic to prepare for, but I couldn't find it anywhere in my house. Could you provide a quick response to my questions please?

안녕하세요, 저는 유니크 건설 업체 워크숍 발표자 중의 하나인 제이 포터입니다. 저는 워크숍 일정과 함께 초청장을 받았습니다. 오늘 아침 세션을 준비하기 위해 제 주제를 확인하려 하였으나, 저희 집 어디에서도 그것을 발견할 수가 없었습니다. 제 질문에 빠른 응답을 주실 수 있으십니까?

construction 건설 **demonstration** 시연 **protective gear** 보호 장비 **presentation** 발표 **blueprint** 도면 **attendee** 참석자 **cleanup** 청소

Question 7

Where and when should I attend the Construction Workshop?

건설 워크숍에 참석하려면 언제, 어디로 가야 합니까?

15초 답변하기

The Unique Construction Agency Workshop is scheduled for Friday, July 14th. You should come to meeting room C of the main building. [Level 7 추가 답안] The workshop will start with the safety education.

유니크 건설 업체 워크숍은 7월 14일 금요일에 잡혀 있습니다. 본관의 C 회의실로 오시면 됩니다. 워크숍은 안전 교육부터 시작합니다.

Question 8

As I remember, I will lead one of the morning sessions. Could you tell me what topic to prepare for?

제가 아침 세션 중 하나를 진행하는 것으로 압니다. 어떤 주제를 준비해야 하는지 말씀해 주시겠습니까?

15초 답변하기

Let me see. Mr. Porter, you are scheduled to give a demonstration on how to properly use protective gear. [Level 7 추가 답안] You are scheduled to explain how to use gloves and safety vests from 10 to 11:50.

어디 볼까요. 포터 씨, 당신은 안전 장비를 제대로 사용하는 방법을 시연하도록 되어 있습니다. 10시부터 11시 50분까지 장갑과 안전 조끼를 어떻게 사용하는지 참가자들에게 설명해 줄 예정입니다.

Question 9

Please explain to me the remaining schedule after the lunch.

점심 이후에 어떤 일정이 남아 있는지 확인 부탁드립니다.

30초 답변하기

After lunch, we have three more sessions. At 1 p.m., Kale Hong will give a presentation about how to read blueprints. Then Roid Gamadon will give his presentation. During the session we can watch video clips, *Wonders about the Construction Site*. For the last session, we will have a practice session by visiting an actual construction site. [Level 7 추가 답안] After the workshop, all attendees are requested to give a hand to clean up the construction site.

점심 이후로 3개의 세션이 있습니다. 1시에 케일 홍 씨가 설계도 읽는 법에 대해 발표할 것입니다. 그런 후에 로이드 가마돈 씨가 발표할 것입니다. 그 세션에서는 〈건설 현장에 대한 궁금증〉이라는 영상을 볼 것입니다. 마지막 세션에서는 실제 건설 현장을 방문하는 실습 시간이 있습니다. 워크숍 이후에 모든 참석자들은 공사 현장을 정리하는 일을 돕게 될 것입니다.

Question 10 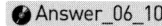 Answer_06_10

Hello, this is Steven Tyler. I'm calling you to discuss a problem as you are the department manager. I'm on sick leave because I was involved in a car accident two weeks ago. While I was in the hospital, I thought I could return to work the day after tomorrow, earlier than expected. However, today my doctor told me to take more days off due to the after effects of the accident. You know, I am in charge of an important project, but I can't get back to work immediately. Please let me know how I should handle this situation. Thank you.

안녕하세요, 스티븐 타일러입니다. 부서장님께 문제를 논의하고 싶어 전화 드렸습니다. 2주 전에 자동차 사고를 당해서 저는 지금 병가 중입니다. 병원에 있는 동안 저는 예상했던 것보다 더 이른 모레 직장에 복귀할 수 있을 것이라고 생각했습니다. 그런데 오늘 담당 의사가 사고 후유증 때문에 휴가를 더 받으라고 말했습니다. 아시다시피 저는 중요한 프로젝트를 책임지고 있지만 지금 당장 회사로 돌아갈 수 없을 것 같습니다. 제가 이 상황에서 어떻게 하면 좋을지 알려 주십시오. 감사합니다.

sick leave 병가 **be involved in** ~에 개입되다 **after effect** 후유증 **immediately** 즉시

30초 준비 시간 활용하기

전화 건 사람	Steven Tyler
나의 신분	department manager
문제점	take more days off, in charge of an important project
요구 사항	how I should handle this situation
해결책	I can fill in for you.
추가 설명	I understand the project.

60초 답변하기

Hello, Mr. Tyler. This is Jane Williams returning your call. I received your message saying you need to take more days off because of the after effects of your car accident. You are also worried about your project. You don't need to worry. I can fill in for you while you are away. As department manager, I understand the project and can deal with the urgent problems. But don't forget to send me any missing data you might have. I hope you get well soon and hope to see you in a few days. [Level 7 추가 답안] Otherwise, we'll review our human resource files. It has lots of résumés of previous part-timers and temporary workers. We might find a proper person who can replace you during your sick leave. We'll contact him directly and let him know about your project in detail. If you need further assistance, please don't hesitate to call me. Bye.

안녕하세요, 타일러 씨. 제인 윌리엄스입니다. 사고 후유증 때문에 휴가를 더 받아야 해서 휴가를 더 내야 한다는 메시지 받았습니다. 그리고 지금 맡고 있는 프로젝트를 걱정하고 있군요. 걱정하지 않으셔도 됩니다. 당신이 없는 사이에 제가 당신의 자리를 대신할 수 있습니다. 부서장으로서 저는 그 프로젝트를 잘 이해하고 있고,

긴급한 문제도 처리할 수 있습니다. 그러나 혹시 빠뜨렸을 수도 있는 자료를 제게 보내는 것은 잊지 말아 주세요. 빨리 나았으면 좋겠고, 조만간 다시 볼 수 있길 바랍니다. 아니면 인사부의 파일을 훑어보는 것이 좋을 것 같습니다. 거기엔 예전에 일했던 아르바이트나 비정규직원들의 이력서가 많이 있습니다. 병가 중 당신을 대신할 적합한 사람을 찾을 수 있을 것입니다. 그에게 직접 연락하셔서 프로젝트에 대해서 설명해 주세요. 더 도움이 필요 하다면 주저하지 말고 전화 주세요. 안녕히 계세요.

fill in for ~대신 일을 봐주다 **urgent** 긴급한 **related** 관련된 **temporary** 임시의 **assistance** 도움 **replace** 대신하다

Question 11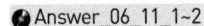

다음과 같은 말에 찬성합니까, 찬성하지 않습니까? "몇몇 사람들은 화석 연료와 같은 재생할 수 없는 에너지를 대신할 수 있는 대체 에너지 발전에 투자해야 한다고 주장합니다." 당신의 의견을 뒷받침하는 구체적인 이유나 예를 들어 주세요.

15초 준비 시간 활용하기

의견	agree
이유	The reserves of energy are limited.
설명/예시	Oil prices will gradually increase.

60초 답변하기

I agree that we should invest in developing alternative energy to replace current energy sources. If we use fossil fuels continuously for several decades, we might use it up in the near future. As the reserves of fossil fuel are limited, supplies won't be able to catch up with the demand. Naturally oil prices will gradually increase. As a result, we might have nothing to generate power and no one can live without electricity. [Level 7 추가 답안] In addition, gasoline cars emit carbon dioxide in the air, and consequently cause air pollution and global warming. As our planet is getting warmer and warmer, it is causing environmental crises such as the melting of icebergs in the Arctic, holes in the ozone layer and severe climate changes such as winter blizzards, scorching weather, droughts and famines, an increase in desert area, and so forth. **These are the reasons why we have to study alternative energy and try to replace current energy sources with eco-friendly alternative energy.**

저는 현재 에너지를 대신할 수 있는 대체 에너지를 개발하기 위해 투자해야 한다는 것에 동의합니다. 만약 우리가 수십 년간 화석 에너지를 계속 이용한다면, 가까운 미래에 모두 써버리고 말 것입니다. 화석 연료의 매장량은 한정되어 있기 때문에, 공급이 수요를 충족시키지 못할 것입니다. 자연스럽게 기름 값은 서서히 올라갈 것입니다. 결과적으로 우리는 전기를 생산해 낼 수도 없고, 전기 없이는 누구도 살 수 없습니다. 더욱이 가솔린 자동차는 공기 중에 이산화탄소를 배출하고, 따라서 대기 오염과 지구 온난화를 야기합니다. 우리의 지구가 더워지면 더워질수록, 환경 재앙을 야기할 것입니다. 북극의 빙하가 녹는다거나, 오존층이 뚫린다거나, 겨울의 혹한이나 폭염, 가뭄, 기근과 같은 심각한 기상 이변이 생길 것입니다. 이것이 우리가 대체 에너지를 연구하고 현재 에너지를 환경친화적인 대체 에너지로 대신하려 노력해야 하는 이유입니다.

alternative energy 대체 에너지 **fossil** 화석 **continuously** 계속해서 **decade** 10년 **use up** ~을 다 쓰다 **reserve** 매장량 **supply** 공급 **demand** 수요 **generate** 만들어 내다 **emit** 방출하다 **carbon dioxide** 이산화탄소 **consequently** 그 결과 **iceberg** 빙산 **Arctic** 북극 **blizzard** 눈보라 **scorching** 모든 걸 태워 버릴 듯이 더운 **drought** 가뭄 **famine** 기근 **eco-friendly** 환경친화적

15초 준비 시간 활용하기

의견	disagree
이유	We can guarantee power everyday and in every situation.
설명/예시	Most alternative energy depends on the weather conditions.

60초 답변하기

I don't think we should invest in developing alternative energy to replace current energy. Most of all, we can guarantee power everyday and in every situation. Most alternative energy depends on the weather conditions. When it's cloudy, we cannot generate power from solar power generators. When there's no wind, we cannot get power from wind generators. They are not stable power sources. [Level 7 추가 답안] Secondly, alternative energy has low efficiency and a high cost structure. Studying alternative energy technology, maintaining the facilities, and repairing machinery cost a lot. Alternative energy technology is in the early stages of development. Also it needs much more time to be commercialized. **Based on this reason, we don't need to invest in developing alternative energy.**

저는 우리가 현재 에너지를 대신할 대체 에너지 개발에 투자할 필요가 없다고 생각합니다. 무엇보다 우리는 매일, 어느 상황에서나 에너지를 기대할 수 없습니다. 대부분의 대체 에너지는 날씨 환경에 많이 영향을 받습

니다. 날씨가 흐린 날이면 태양광 발전기에서 에너지를 만들 수 없습니다. 바람이 불지 않을 때 풍력 발전기로 에너지를 만들 수 없습니다. 이들은 안정적인 에너지 공급원이 아닙니다. 둘째로, 대체 에너지는 저효율, 고비용의 구조를 가지고 있습니다. 대체 에너지는 연구와 설비 유지, 기계 수리비가 많이 듭니다. 대체 에너지 기술은 발전의 초기 단계에 있습니다. 또한 상업화되기까지 많은 시간이 필요합니다. 이러한 이유에 근거하여, 우리는 대체 에너지 개발에 투자할 필요가 없습니다.

guarantee 보장하다 **stable** 안정적인 **facility** 시설 **commercialize** 상업화하다

Actual Test 07

⇒ 문제지 P52

Questions 1-2

♪ Answer_07_01-02

↗ 올려 읽기, ↘ 내려 읽기, / 끊어 읽기,
볼드체 강조하기, ___ 연음, ▓ 강세

Question 1

Welcome to the **Gley Co.** Repair Service Center.↘ // Depending on your **specific needs**,↗ / you may **dial** and can be **connected** / to one of our **agents**.↘ // Please press **1**↗ for the **repair** of **home appliances**,↗ / press **2**↗ for the **repair** of computers and computer peripherals.↘ // Please press the **#** **button** / for **other** counseling needs.↘ // If you want to have a personal consultation,↗ / please leave your **phone number**↘ / after **dialing** the * **button**.↘ // Once we get your **phone call**,↗ / we will **get back** to you.↘ //

글레이 사의 수리 서비스 센터입니다. 고객님께서 수리하기 원하시는 상품에 따라 다음의 번호를 눌러 상담원과 통화하실 수 있습니다. 가전제품의 수리를 원하시면 1번을 눌러 주시고, 컴퓨터 및 컴퓨터 주변 기기의 수리를 원하시면 2번을 눌러 주세요. 다른 상담이 필요하시면 우물 정자를 눌러 주세요. 개별 상담을 원하시면 별표 버튼을 누른 후 전화번호를 남겨주세요. 확인하는 대로 다시 전화 드리겠습니다.

dial 다이얼을 돌리다 **home appliance** 가전제품 **peripheral** 주변적인 **#(pound)** 우물 정자 **counseling** 상담 ***(star)** 별표

Question 2

Now we will start boarding **JF 304** bound for **Jeju**.↘ // This flight is scheduled to **take off** at **10:35**.↘ // Please come to gate **L14**.↘ // **The elderly**↗ and **first class passengers**↗ will **board first followed** by **prestige**,↗ **business**,↗ and **economy** class in that **order**.↘ // Please have ready your **luggage**,↗ **passport**↗ and **flight** ticket. // Please show your passport↗ and boarding pass↗ to our staff↘ / in **front** of the **gate**.↘ //

제주행 JF 304편 탑승을 시작합니다. 이 비행기는 오전 10시 35분 이륙 예정입니다. 탑승객께서는 L14 게

이트로 와주시기 바랍니다. 먼저 노약자 및 일등석의 고객께서 탑승하시고 뒤이어 프레스티지, 비즈니스, 이코노미 승객 순서로 탑승할 예정입니다. 짐과 여권과 비행기 티켓을 챙겨 주시기 바랍니다. 여권과 탑승권을 게이트 앞의 저희 직원에게 보여 주십시오.

board 탑승하다 **take off** 이륙하다 **elder** 노약자 **passport** 여권

Question 3

30초 준비 시간 활용하기

장소	path
중심 대상	in the center of this photo, wide path, a couple of people
주변 대상	woman, wearing a white t-shirt, pointing to the right, explaining something, the boy, son
마무리	on the way back home

45초 답변하기

When I look at this picture, I can see a path in front of a white building. In the center of this place, I can see a wide path. On the path, there are a couple of people who are a woman and a boy. The woman is wearing a white t-shirt under a sky blue sleeveless t-shirt and pointing to her right. I think she is explaining something to the boy. The boy might be her son. [Level 7 추가 답안] He is pointing in the same direction his mother is pointing. They might be looking at the same object. I think they are on the way back home after school.

사진을 보면, 하얀 건물 앞에 길을 볼 수 있습니다. 이 사진의 가운데에 넓은 길이 하나 보입니다. 그 위에 있는 여자와 소년이 있습니다. 그 여자는 하얀 셔츠에 하늘색의 민소매 티셔츠를 받쳐 입고 오른쪽을 가리키고 있습니다. 제 생각에 그녀는 소년에게 무언가를 설명하는 것 같습니다. 그 소년은 그녀의 아들인 것 같습니다. 그 아이는 엄마가 가리키는 같은 곳을 가리키고 있습니다. 그들은 같은 것을 보는 것 같습니다. 이들은 방과 후 집에 가는 길인 것 같습니다.

path 길 **sleeveless** 소매 없는 **point** 가리키다

Questions 4-6

내레이션 시간 활용하기

주제: 박물관

Teddy Bear Museum, cutie dolls, museums, New York

Question 4

당신은 어떤 종류의 박물관에 흥미를 느끼나요?

15초 답변하기

I am interested in the Teddy Bear Museum. When I go there, I can see so many kinds of teddy bears. [Level 7 추가 답안] Especially, in Jeju Island, I can see a lot of cute teddy bears in the museum.

저는 테디베어 박물관에 관심이 있습니다. 그곳에 가면 다양한 종류의 테디베어를 볼 수 있습니다. 특히, 제주도에서 저는 귀여운 테디베어를 많이 볼 수 있었습니다.

Question 5

가장 이국적인 박물관을 가 보기 위해서 어디에 갈 수 있나요?

15초 답변하기

I can go to other countries to visit the most exotic museums. Every time I choose the destination for my vacation, I check what kinds of museums are in the area. [Level 7 추가 답안] New York is famous for having a number of museums, so my destination for my next trip might be this city.

저는 특별한 박물관을 위해 다른 나라까지 갈 수 있습니다. 매번 휴가의 목적지를 정할 때, 저는 그 지역에 어떤 종류의 박물관이 있는지를 살핍니다. 뉴욕은 많은 박물관이 있는 것으로 유명해서 저의 다음 여행 목적지는 그 도시가 될 것 같습니다.

destination 목적지

Question 6

박물관을 선택할 때, 어떤 것을 고려하시나요? 테마, 거리, 역사

30초 답변하기

When I choose a museum, I consider theme most importantly. I love cute dolls such as teddy bears, animal dolls and so on. When I see their soft hair, I feel happy. Also, little gestures by dolls and figures make me feel that they are alive. Once I see them, I imagine myself in their tiny toy world. [Level 7 추가 답안] I feel that it takes me back to my childhood. When I look back on the past, I forget lots of concerns in the present. It helps me release stress.

박물관을 정할 때 저는 테마를 가장 중요하게 고려합니다. 저는 테디베어, 동물 인형 등과 같은 귀여운 인형을 정말 좋아합니다. 그들의 부드러운 털을 보면 행복을 느낍니다. 또한, 인형이나 피규어의 작은 몸짓은 그들이 살아 있는 것처럼 느끼게 합니다. 그들을 볼 때 저는 작은 장난감 세계를 상상합니다. 그것은 저의 유년 시절을 기억나게 합니다. 과거를 되돌아 볼 때, 저는 현재의 많은 근심을 잊어버립니다. 이것은 제 스트레스를 풀어 줍니다.

gesture 몸짓 **figure** 모형 장난감 **take somebody back to** ~에게 ~을 상기시키다 **look back** 되돌아보다

Questions 7-9

Answer_07_07~09

30초 준비 시간 활용하기

리스타트 사 면접 일정

2013년 9월 8일 월요일

부서	면접관	면접자	시간	장소
마케팅부	마케팅 부장	마이크 팀버	오전 11:00	면접실 A
	최고경영자	잭슨 콜	오후 3:30	중역실 B
회계부	재무 담당 최고 책임자	켈리 화이트	오후 2:30	중역실 A
	회계부 대리	스티브 러너	오전 11:30	면접실 B
인사부*	인사부 부장	클레어 골든	오전 11:00	면접실 C
	최고경영자	포터 카터	오후 4:30	중역실 A

* 인사부 면접은 약 30분 동안 진행될 것입니다.

Hello, this is Paul Smith, the Recruiting manager. As far as I know, some job candidates are supposed to be interviewed today. I want to check the interview schedule. I was hoping you could answer a few questions for me.

안녕하세요, 저는 인사부 부장인 폴 스미스입니다. 제가 알기로는 오늘 몇몇 지원자들을 면접하기로 되어 있습니다. 면접 일정을 좀 확인하고 싶습니다. 몇 가지 질문에 답해 주시길 바랍니다.

applicant 지원자 **venue** 장소 **CEO** 최고경영자 **CFO** 재무 담당 최고 책임자 **executive** 경영 간부 **approximately** 거의 **candidate** 지원자

Question 7

When will Kelly White have an interview today?

켈리 화이트 씨는 오늘 언제 면접을 보나요?

15초 답변하기

Kelly White will have an interview with the CFO at 2:30 p.m. [Level 7 추가 답안] She will be interviewed in Executive Room A.

켈리 화이트 씨는 오후 2시 30분에 재무 담당 최고 책임자와 함께 면접 볼 것입니다. 그녀는 중역실 A에서 면접을 보게 될 겁니다.

Question 8

I was informed that I am supposed to interview Mr. Carter at 3 p.m. Is that right?

저는 오후 3시에 카터 씨를 면접 보는 것으로 통보받았는데, 맞습니까?

15초 답변하기

No, I think you have the wrong information. You will interview Claire Golden at 11 a.m. [Level 7 추가 답안] And it will be Interview Room C.

아니요, 잘못 알고 계신 것 같습니다. 클레어 골든 씨를 11시에 면접 보십니다. 면접은 면접실 C에서 진행될 것입니다.

Question 9

Please tell me about the executive interviews which are scheduled for today.

오늘 예정된 임원 면접에 대해 알려 주십시오.

30초 답변하기

Three executive interviews are scheduled for today. The first is Jackson Call's interview with the CEO at 3:30 p.m. The CEO will also interview Porter Cater at 4:30 p.m. These two job interviews will be held in the executive rooms. Finally, the CFO will meet Kelly White. [Level 7 추가 답안] He will judge whether she is an appropriate candidate for the accounting position.

오늘 3개의 임원 면접이 있습니다. 첫 번째는 잭슨 콜 씨가 3시 30분에 최고경영자와 면접을 보는 것입니다. 최고경영자는 4시 30분에도 포터 카터 씨의 면접을 볼 것입니다. 이 두 면접은 중역실에서 진행됩니다. 마지막으로, 재무 담당 최고 책임자는 켈리 화이트 씨를 면접합니다. 그녀가 회계직에 적합한 지원자인지 판단할 것입니다.

appropriate 적절한

Question 10

🔊 Answer_07_10

Hello, this is Nora Jefferson and I traveled to the United Kingdom on your airline. I want to complain about your service. Flight FG 349 departing Washington D.C. at 4:30 p.m. on May 10th was delayed for two hours because of the main engine. On top of that, the power went out. As the outside temperature was freezing, the passengers on the plane were very cold. Your flight attendants supplied hot drinks and blankets but that was not enough. It was difficult for me to withstand that cold weather for so long. I understand that this was an emergency but I think your company should prepare for every emergency, including this one. I caught a cold and a high fever because of this. I hope you will compensate me for my inconvenience. As you are the manager of customer service, please let me know what you will do for compensation. I will await your phone call.

안녕하세요, 저는 노라 제퍼슨입니다. 저는 귀사의 비행기로 영국을 여행했습니다. 저는 서비스에 대한 컴플레인을 하려 합니다. 5월 10일 4시 30분에 워싱턴을 출발한 FG 349편은 중앙 엔진의 결함으로 2시간 정도 연착됐습니다. 거기에 더해 전원도 나갔습니다. 밖에 온도가 영하였기 때문에 비행기 안에 있던 승객들은 모두 추위에 떨었습니다. 귀사의 승무원들이 뜨거운 물과 담요를 제공해 줬지만 충분치 않았습니다. 그렇게 오랫동안 추운 날씨를 견디기는 쉬운 일이 아니었습니다. 이것이 위급 상황이었다는 것은 이해하지만 귀사는 이번과 같은 상황을 포함해 모든 긴급 상황에 대해 충분히 준비했어야 한다고 생각합니다. 이것 때문에 저는 고열의 감기가 걸렸습니다. 제게 보상을 취해 주시길 바랍니다. 고객 서비스 부장으로서 어떤 보상을 해 주실지 알려 주십시오. 전화 기다리겠습니다.

depart 출발하다 **on top of that** 그밖에 **flight attendant** 승무원 **withstand** 견뎌 내다 **compensate** 보상하다

30초 준비 시간 활용하기

전화 건 사람	Nora Jefferson, customer
나의 신분	manager of customer service
문제점	Passengers on the plane were very cold.
요구 사항	compensate me for my inconvenience
해결책	provide compensation
추가 설명	send you a coupon

60초 답변하기

Hello, Nora Jefferson, this is Teddy Woods, the manager of customer service. I listened to your message saying you had a bad experience with our service. After I looked into the situation, I learned there was an unexpected accident on your flight. I apologize for the inconvenience you experienced on your flight from Washington D.C. To fulfill your request, I will provide compensation. If you like, we will send you a coupon for a discount rate of 15% for the next flight. You can use it towards a ticket anywhere in the world. There is no expiration date. [Level 7 추가 답안] Otherwise, we will allow you to use our prestige lounge before your departure for the following two years. In there, you can relax before your flight after checking in. You can try some free beverages and snacks as well. It makes your trip more comfortable. If you need further assistance, please don't hesitate to call me.

안녕하세요, 노라 제퍼슨 씨. 저는 고객 서비스부의 부장 테디 우즈입니다. 고객님께서 저희의 서비스에 불편함이 있으셨다는 메시지를 들었습니다. 당시의 상황을 확인해 본 결과 예상치 못했던 사고가 있었다는 것을 알았습니다. 워싱턴에서 비행 중에 겪으셨던 불편에 대해서 진심으로 사과드립니다. 고객님의 요청을 이행하기 위해, 보상을 해 드리겠습니다. 고객님께서 원하신다면 다음 비행에서 15%의 할인이 적용되는 쿠폰을 보내 드리겠습니다. 고객님께서는 세계 어느 곳으로 가든 비행기 티켓에 사용하실 수 있습니다. 유효 기간은 없습니다. 그렇지 않으면 앞으로 2년 동안 출국 전 프레스티지 라운지를 이용하실 수 있게 해 드리겠습니다. 발권 후 그곳에서 휴식을 취하실 수 있습니다. 또한, 무료 음료와 스낵이 제공됩니다. 이는 고객님의 여행을 좀 더 편안하게 만들어 드릴 것입니다. 추가 도움이 필요하시다면 언제든지 주저 없이 연락 주시기 바랍니다.

fulfill 이행하다 expiration date 유효 기간 beverage 음료

Question 11

Answer_07_11_1~2

다음과 같은 말에 찬성합니까, 찬성하지 않습니까? "요즘 점점 더 많은 회사들이 새로운 고객을 유치하는 것보다 단골 고객을 유지하는 데 더 관심을 보이고 있다." 당신의 의견을 뒷받침하는 구체적인 이유나 예를 들어 주세요.

15초 준비 시간 활용하기

의견	disagree
이유	The number of new customers is much more than the number of regular customers.
설명/ 예시	A large number of potential customers can have positive results on sales.

60초 답변하기

I disagree with this statement. I think these days many companies should put a lot of effort into attracting more and more new customers. When it comes to the number of customers, the number of potential new customers is a lot more than existing regular customers. Of course, a large number of new customers can have positive results on sales. When many people want to buy and use the products of a company, the company's profits will increase. With an increase in income, the company can invest in developing innovative products. [Level 7 추가 답안] Additionally, new customers will make new demands to the company. Even though regular customers are already fully satisfied with the old services and products, most new customers want some different and better services and products from the company. Therefore, the company struggles to meet their needs by offering better services and launching new products. The company can attract more and more customers and consequently boost sales even further. Based on this reasoning, I think many companies should try to attract new customers these days.

저는 이 진술에 반대합니다. 제 생각에 요즘 많은 회사들이 더 많은 새로운 고객을 창출하는 데 큰 노력을 기울이고 있는 것 같습니다. 고객의 수 면에서, 잠재 고객의 수는 단골 고객의 수보다 많습니다. 물론, 많은 잠재 고객이 매출에 긍정적인 영향을 가져올 수 있습니다. 많은 사람들이 회사의 물건을 사고 이용할 때, 회사의 이윤은 증가합니다. 수입이 증가하면 회사는 획기적인 제품을 개발하는 데 투자할 수 있습니다. 더구나 새로운 고객은 회사에 새로운 수요를 창출합니다. 단골 고객들이 이미 충분히 기존 제품에 만족하고 있지만, 대부분의 새로운 고객들은 좀 더 다르고 나은 서비스와 제품을 회사에 요구하게 됩니다. 그러므로 회사는 새로운 제품을 출시하고 더 나은 서비스를 제공함으로써, 그들의 니즈를 충족시키려 애씁니다. 회사는 더 많은 고객을 유치하게 되고, 결과적으로 회사의 매출이 증가합니다. 이러한 이유에 근거하여 저는 요즘 많은 회사들이 새로운 고객을 유치하기 위해 노력한다고 생각합니다.

attract 끌어 모으다 potential 잠재적인 innovative 획기적인 struggle 분투하다 launch 출시하다 boost 북돋우다

15초 준비 시간 활용하기

의견	agree
이유	Regular customers already have loyalty toward the company.
설명/ 예시	They are willing to open their wallets to buy new products.

60초 답변하기

I think these days more and more companies have more interest in retaining regular customers than attracting new customers. The following reasons support my opinion. Most of all, regular customers already have loyalty toward the company. They tend to trust the company's services and product quality. They are willing to open their wallets to buy new products. The company can take advantage of the fact that these customers are more active buyers. [Level 7 추가 답안] Moreover, their satisfaction makes them seldom change their preference to a loyal product. Therefore, the company can expect stable income and does not need to incur huge costs on advertisements to attract new customers. Also, they tend to recommend the company's services and products to their friends and family. As a result, the company can expect additional future customers connected to them. For these reasons, my opinion is that regular customers are more valuable.

요즘 더 많은 기업이 새로운 고객을 유치하는 것보다 단골 고객 유지에 더 많은 관심을 보이고 있는 것 같습니다. 다음의 이유들이 저의 의견을 뒷받침해 줍니다. 무엇보다 단골 고객들은 이미 회사에 충성하고 있습니다. 그들은 회사의 서비스와 제품의 질을 신뢰합니다. 그들은 회사의 새 제품을 사는 것에 기꺼이 그들의 지갑

을 엽니다. 회사는 그들이 더 적극적인 소비자라는 이점을 이용할 수 있을 것입니다. 더구나 그들의 만족도는 충성 제품에 대한 선호도를 거의 변함없이 유지하도록 합니다. 그러므로 회사는 안정적인 수익을 기대할 수 있고, 새로운 고객을 유치하기 위해 광고에 많은 돈을 들일 필요가 없어집니다. 또한, 단골들은 회사의 서비스와 제품을 친구와 가족들에게 추천하는 경향이 있습니다. 결과적으로 회사는 그들과 관련 있는 새로운 잠재 고객을 기대할 수 있습니다. 이러한 이유에서 저는 단골이 더 가치 있다고 봅니다.

retain 계속 유지하다 **preference** 더 좋아함 **incur** (비용을) 발생시키다 **valuable** 소중한

Actual Test 08

Questions 1-2

🔊 Answer_08_01~02

↗ 올려 읽기, ↘ 내려 읽기, / 끊어 읽기,
볼드체 강조하기, ___ 연음, ▓ 강세

Question 1

A **great** gift and **accessory store** / in **Evanston**↗ and **Lake Geneva**!↘ // We feature rare and **limited items** for you / to **browse** in our **special collection**.↘ // You can **find** these **products**↗ and **much more** / in our **stores**.↘ // **Everything** in our **store** can be **purchased** / through the **Internet**.↘ // And then they will be **delivered** / to all over the world.↘ // You can **enjoy** your day right here.↘ // If you can't **find** what you are **looking for,**↗ / please send an **email** at accessories@gmail.com↘ / and we will help you out.↘ //

에반스톤과 제네바 호수에 위치한 엄청난 선물 및 액세서리 가게입니다! 여러분이 특별한 상품을 구경하실 수 있도록 한정판의 물건들을 골라 놓았습니다. 저희 가게에는 이외에도 다양한 물건들이 있습니다. 인터넷을 통해서 저희 가게의 모든 물건들을 구매하실 수 있습니다. 그리고 물건들은 전 세계로 배송됩니다. 이곳에 오셔서 즐겨 보세요. 원하는 물건을 찾을 수 없으시다면 accessories@gmail.com으로 이메일을 보내 주시면 도와 드리겠습니다.

limited 한정된 **browse** 둘러보다

Question 2

This is your tour guide **Jackson**.↘ // If you'd **like** to **visit** the **Vatican Museums** / without the long entrance queues,↗ / please book a one-day pass with us on our **website** in advance.↘ // The pre-paid **tickets** can include both the **entrance fee**↗ and **lunch passes**.↘ // After **skipping** the **line,**↗ / you can **explore** the Vatican Museums with a **tour guide.**↘ // At the **end** of the tour,↗ / you may **stop** by the **souvenir shops**.↘ // You can purchase any **item** / at a **30% discount rate**.↘ // Please just show your one-day pass to the **cashier**.↘ // **Thank** you.↘ //

여행 가이드 잭슨입니다. 입구에서 오래 기다리지 않고 바티칸 미술관을 방문하고 싶으시다면 웹 사이트에서 1일권을 미리 예약하세요. 이 티켓은 입장권과 점심을 포함한 선불 티켓입니다. 줄을 서지 않고 입장한 뒤에 바티칸 미술관을 가이드와 함께 둘러볼 수 있습니다. 관람 마지막에 기념품 가게에 들를 수 있습니다. 어떤 제품이든 30% 할인된 가격으로 구매 가능합니다. 1일권을 계산원에게 보여 주십시오. 감사합니다.

entrance 입장 **queue** 줄 **day pass** 1일권 **pre-pay** 선불하다 **souvenir shop** 기념품 가게 **cashier** 출납원

Question 3

Answer_08_03

30초 준비 시간 활용하기

장소	slope
중심 대상	in the center, a man, in a black jumper, enjoying snowboarding, wearing a black ski outfit, stretching one arm out, touching the board, looking down, jumping over the slope, bending his body and knees
마무리	some people, going up, sunset, evening glow

45초 답변하기

In this picture, a slope covered with white snow is shown. It appears to be a place for skiing or snowboarding. In the center of this picture, a man in a black jumper is enjoying snowboarding over the slope. He is wearing a black ski outfit. He is stretching one arm out and touching the board with the other hand. He seems to look down to check the landing spot. He is jumping over the slope and bending his body and knees in the air. [Level 7 추가 답안] He might be an advanced snowboarder. He looks like he is enjoying the winter season fully. Some people behind him are going up the slope by lift. I think it might be sunset based on the evening glow.

사진에 하얀 눈이 덮인 경사지가 보입니다. 이곳은 스키나 스노보드를 타기 위한 장소로 보입니다. 사진의 가운데에 검은색 점퍼를 입은 남자가 경사지에서 스노보드를 타고 있습니다. 그는 검은색 스키복을 입었습니다. 그는 한 팔을 위로 쭉 뻗고 있고, 다른 손은 보드를 만지고 있습니다. 착지 지점을 확인하기 위해 아래를 내려다보고 있는 것 같습니다. 그는 경사지에서 점프하며 공중에서 몸과 무릎을 굽히고 있습니다. 그는 상급 스노보더인 것 같습니다. 그는 겨울을 만끽하고 있는 것 같습니다. 그의 뒤로 몇몇 사람들이 리프트를 타고 올라가고 있습니다. 석양으로 보아 해 질 녘인 것 같습니다.

slope 경사지 **beanie** 비니 **bend** 굽히다 **in the air** 공중에 **sunset** 해 질 녘 **evening glow** 석양

Questions 4-6

Answer_08_04~06

내레이션 시간 활용하기

주제: 사진

smartphone, compact size, automatically upload, save time to organize

Question 4

어떤 기기로, 얼마나 자주 사진을 찍나요?

15초 답변하기

I take photos with my smartphone. As I always carry it and it is a very compact size so I can take photos anytime and anywhere. [Level 7 추가 답안] Additionally, the smartphone has various applications to make subjects look good. I prefer to take a photo with these special functions.

저는 스마트폰으로 사진을 찍습니다. 항상 스마트폰을 들고 다니고 매우 작기 때문에 언제 어디서든 사진을 찍을 수 있습니다. 또한, 스마트폰에는 예쁘게 보이도록 하는 다양한 애플리케이션이 있습니다. 저는 이런 특별한 기능으로 사진 찍는 것을 좋아합니다.

compact 작은 **function** 기능

Question 5

사진은 주로 어디에 보관하나요?

15초 답변하기

I usually store my photos in my smartphone. Upon taking a photo, the photos automatically upload to my virtual storage online. [Level 7 추가 답안] No matter whether I change or lose my smartphone, I can access and keep them in my online account.

저는 주로 제 사진을 스마트폰에 저장합니다. 사진을 찍으면 사진이 가상 저장 공간에 자동으로 업로드됩니다. 스마트폰을 바꾸거나 잃어버리더라도, 온라인 계정에 접속해서 사진을 보관할 수 있습니다.

automatically 자동적으로 **virtual** 가상의 **storage** 저장 **account** 계정

Question 6

누군가가 당신 대신 사진을 정리해 주는 것에 대해 기꺼이 돈을 지불할 의향이 있나요?

30초 답변하기

Of course, I have the intention to pay for someone to arrange my photos on behalf of me. Imagine that you have to organize them by yourself. You have to gather all the pictures together and then check and sort them out chronologically. I'm sure it will take a lot of time. [Level 7 추가 답안] Rather than consuming time to arrange my photos, I will ask a specialist to do this task for me and pay them. As they are skillful, they will finish it far faster than me.

물론, 저를 대신해서 사진을 정리해 줄 누군가에게 돈을 지불할 의향이 있습니다. 스스로 사진을 정리해야 한다고 상상해 보세요. 모든 사진을 모으고, 시간 순서대로 분류해야 합니다. 분명 시간이 많이 걸릴 것입니다. 사진을 정리하기 위해 시간을 소비하기보다는 저는 전문가에게 요청하고 비용을 지불하겠습니다. 그들은 매우 노련하기 때문에 제가 하는 것보다 훨씬 빠르게 끝낼 것입니다.

intention 의도 **arrange** 정리하다 **on behalf of** ~을 대신하여 **organize** 정리하다 **sort out** ~을 정리하다 **chronologically** 연대순으로 **consume** 소모하다 **specialist** 전문가 **skillful** 숙련된

Questions 7-9

🔊 Answer_08_07~09

30초 준비 시간 활용하기

좋은 자리 여행사

인디애나 주 인디애나폴리스 위키 가 523, 주식회사 콩카
전화: (241) 214-8973

❶ 기본 정보: 여행사가 메일에 반송한 지미 씨의 일정표

발송일: 2013년 11월 29일
지미 뱅크스 씨의 일정표

❷ 날짜: 모두 12월 일정 ❸ 편명: 파리, 서울, 알파 ❹ 출발 시간: 하나를 제외하고는 모두 오전 일정 ❺ 일정 파리⇒서울⇒브라질리아⇒뉴욕, 그리고 파리로 돌아가는 일정

날짜	항공편	출발 시각	출발지	도착지
12월 20일	파리 항공 KL 430	오전 7:30	파리	서울
12월 22일	서울 항공 JL 254	오전 8:10	서울	브라질리아
12월 24일	알파 PL 678	오전 9:00	브라질리아	뉴욕
12월 27일	알파 CP 315	오후 5:00	뉴욕	파리

* 일정을 바꾸시려면 최소 출발 이틀 전에 (201) 348-3476 (내선 번호 230)로 전화 주십시오.

❻ 추가 정보: 변경을 원하면 출발 이틀 전 전화

Hi, this is Jimmy Banks. I received my final itinerary attached to your email. But I deleted it accidentally and do not know my travel schedule. Since the departure date is getting close, could you answer a few questions about my itinerary?

안녕하세요, 저는 지미 뱅크스입니다. 보내 주신 이메일에 첨부된 제 최종 여행 일정표를 받았습니다. 그런데 제가 실수로 그 메일을 지우는 바람에 제 여행 일정을 알 수 없습니다. 출발 날짜가 가까워지는 관계로 제 여행 일정에 대한 질문에 답변해 주시겠습니까?

itinerary 여행 일정표 **attach** 첨부하다 **delete** 삭제하다 **accidentally** 우연히

Question 7

When do I leave Seoul?

제가 언제 서울을 떠납니까?

15초 답변하기

You will depart from Seoul to Brasilia on December 22nd. [Level 7 추가 답안] The departure time is 8:10 in the morning.

12월 22일에 서울에서 브라질리아로 출발할 예정입니다. 출발 시간은 오전 8시 10분입니다.

Question 8

As far as I remember, all my flights are scheduled to depart before noon. Is that right?

제가 기억하기로 저의 모든 항공편은 12시 전 출발로 되어 있습니다. 맞습니까?

15초 답변하기

I'm sorry you have the wrong information. The flight bound for France is scheduled to depart at 5 p.m. [Level 7 추가 답안] It takes off on December 27th.

잘못 알고 계신 것 같습니다. 프랑스행 항공편은 오후 5시에 출발합니다. 그 항공편은 12월 27일에 이륙합니다.

Question 9

If I want to stay in New York a little longer, how can I change my travel itinerary?

제가 뉴욕에 더 오래 머물고 싶다면 어떻게 여행 일정을 바꾸어야 합니까?

30초 답변하기

If you want to extend your stay in New York, please give us a call at (201) 348-3476 two days before your departure date. My extension is 230. You can reach me directly at this number. Your itinerary tells me that you are scheduled to fly from New York to Paris on Alpha CP 315, departing at 5 p.m. on December 27th. [Level 7 추가 답안] If you have any questions about your itinerary, please feel free to call me. Bye.

여행 일정을 연장하시려면 출국 이틀 전에 (201) 348-3476으로 전화 주시기 바랍니다. 제 내선 번호는 230입니다. 이 번호로 전화하시면 저와 직접 통화하실 수 있습니다. 일정표상 알파 CP 315 항공편으로 12월 27일 5시 뉴욕에서 파리로 가시는 비행 일정이 있습니다. 여행 일정에 대해 궁금한 사항이 있으시다면 언제든지 제게 전화 주십시오.

Question 10

🔊 Answer_08_10

Hello, this is Whitney Cruise from KCC Movie Theater's Customer Service Department. This year I sent Christmas cards attaching a customer satisfaction survey to our regular customers by e-mail. The Survey was entitled "How Can We Satisfy Your Needs Next Year?" Thanks to this survey, we can better understand our customers' needs. Most of them asked that we provide better customer service, especially to regular customers. If we offer improved customer service, they are willing to visit our movie theater more frequently. However, I was just hired last month and this is my first project. I have no idea how to attract more customers to visit and watch movies. As you are my boss with similar experiences, I think you can give me some brilliant ideas. Please help me with your advice. I await your phone call.

안녕하세요? KCC 극장 고객 서비스팀의 휘트니 크루즈입니다. 저는 이번 연도에 단골 고객들에게 이메일로 고객 만족 설문지를 첨부한 크리스마스카드를 보냈습니다. 설문 조사의 주제는 '내년에는 어떻게 만족시켜 드릴까요?'였습니다. 이 설문 덕분에 고객들의 요구가 어떤 것인지 더 잘 이해할 수 있었습니다. 그들 중 대부분은 특히 단골 고객들에게 더 나은 서비스를 제공해야 한다고 요구했습니다. 우리가 향상된 고객 서비스를 제공한다면, 그들은 기꺼이 우리 극장에 자주 방문할 것입니다. 하지만 저는 지난달에 막 입사했고 이것은 저의 첫 번째 프로젝트입니다. 저는 어떻게 더 많은 고객을 사로잡아 우리 극장에 방문하여 영화를 보게 할 수 있을지 모르겠습니다. 당신은 저의 상관이고, 비슷한 경험을 하셨으니 저에게 훌륭한 의견을 줄 수 있을 것이라 생각합니다. 부디 제게 조언을 해 주십시오. 전화를 기다리겠습니다.

regular customer 단골 **entitle** 제목을 붙이다 **frequently** 자주

30초 준비 시간 활용하기

전화 건 사람	Whitney Cruise from the Customer Service Department
나의 신분	boss
문제점	how to attract more customers to visit and watch movies
요구 사항	give me some brilliant ideas
해결책	create a VIP lounge
추가 설명	install TVs on the walls

60초 답변하기

Hello, Whitney Cruise, this is your boss, Scott Miller speaking. In your message you said you conducted a survey this year. You said that most of our customers require better service for regular customers. However, because you were just hired, you have no idea how we can attract more customers. Here are some suggestions to resolve this problem. I think we should create a VIP lounge where customers can wait in comfort. We can install TVs on the walls and advertise our newly released films on those TVs. This might be useful for advertising the storylines. [Level 7 추가 답안] Otherwise, we'd better offer more spacious parking lots especially on weekends. We can easily rent parking lots from the buildings around our shopping mall. Office buildings are empty on weekends, so we can use their parking lots at a lower cost. I hope my ideas can help you resolve this problem. If you need more help, please don't hesitate to call me at any time. Bye.

안녕하세요, 휘트니 크루즈 씨. 저는 당신의 상관인 스콧 밀러입니다. 메시지에서 당신은 이번 연도에 설문 조사를 실시했다고 했습니다. 당신은 우리 고객의 대부분이 단골 고객들을 위해 더 나은 서비스를 요구한다고 했습니다. 하지만 당신이 이제 막 입사했기 때문에 어떻게 더 많은 고객을 사로잡을 수 있을지 모르겠다고요. 문제를 해결하기 위한 몇 가지 제안이 있습니다. 고객들이 편하게 기다릴 수 있는 VIP 라운지를 만들어야 할 것 같습니다. 벽에 TV를 설치하여 새로 개봉한 영화를 광고할 수도 있습니다. 사람들에게 영화의 줄거리를 홍보하는 데 유용할 것 같습니다. 그렇지 않으면 특히 주말에 좀 더 넓은 주차 공간을 제공하는 것이 좋을 것 같습니다. 우리는 쇼핑몰 주변의 건물의 주차 공간을 쉽게 빌릴 수 있을 것입니다. 회사 건물들은 주말에 비어 있기 때문에 우리는 더 저렴한 가격으로 그 건물의 주차장을 이용할 수 있습니다. 제 아이디어가 문제를 해결하는 데 도움이 되길 바랍니다. 제가 더 도울 일이 있다면, 언제든지 제게 전화 주세요.

conduct 수행하다 **resolve** 해결하다 **comfort** 편안 **install** 설치하다 **release** 발표하다 **storyline** 줄거리 **spacious** 널찍한

Question 11

🔊 Answer_08_11_1~2

당신은 면접이 회사에 적합한 인재를 채용하는 데 더 나은 방법이라는 것에 동의하나요? 그렇게 생각하는 이유는 무엇인가요? 당신의 의견을 뒷받침하는 구체적인 이유나 예를 들어 주세요.

15초 준비 시간 활용하기

의견	agree
이유	Applicants can express their own opinions during the interview.
설명/예시	Employers can easily identify good workers through their logical responses.

60초 답변하기

I agree that a job interview is the best way to hire workers for several reasons. First of all, a job interview helps employers evaluate their potential workers' problem-solving skills. For example, applicants are asked to express their own opinions on a certain topic during the interview. So depending on how logically the job candidates analyze the topic, employers can easily identify good workers who will be able to deal with problems at work. [Level 7 추가 답안] Second, employers can identify who is the best for the position. To be specific, applicants have to respond to questions from interviewers in a short time, and they are likely to feel pressure. But if they answer the questions immediately, they may perform better and thus be considered the best office worker for the company. Therefore, I think companies should interview applicants in order to hire good workers.

저는 면접을 통해 직원을 뽑는 것이 가장 좋은 방법이라는 것에 동의합니다. 우선, 면접은 고용주들이 잠재력 있는 직원들의 문제 해결 능력을 평가하는 데 도움이 됩니다. 예를 들어, 지원자들은 면접 중에 특정 주제에 대해 자신의 의견을 진술하라는 요청을 받습니다. 그들이 얼마나 논리적으로 그 주제를 분석하느냐에 따라 고용주들은 회사에서 업무를 잘 처리할 수 있는 직원을 쉽게 분별해 낼 수 있습니다. 두 번째로, 고용주들은 그 직책의 적임자를 구분해 낼 수 있습니다. 구체적으로 말하자면, 지원자들은 짧은 시간 안에 주어진 질문에 답하게 되어, 긴장감을 느낄 것입니다. 하지만 그들이 질문에 즉각 답한다면 그들은 아마도 성과를 더 잘 낼 것이며, 그 회사에 딱 맞는 직원이라고 여겨질 것입니다. 따라서 저는 회사가 좋은 직원을 뽑기 위해 면접을 해야 한다고 생각합니다.

evaluate 평가하다 **problem-solving** 문제 해결 **logically** 논리적으로 **candidate** 지원자 **identify** 식별하다 **thus** 그러므로

15초 준비 시간 활용하기

의견	disagree
이유	A job interview has a limited time to screen applicants.
설명/예시	Looking at someone directly means that the interviewers may make a decision based on their subjective point of view.

60초 답변하기

I don't think a job interview is a good method to hire proper workers for some reasons. A job interview has a limited time to screen applicants. Applicants do not have enough time to present their strong points. At the same time, looking at someone directly means that the interviewers may make a decision based on their subjective point of view. Over all, job interviews cannot filter the suitable workers for the company. [Level 7 추가 답안] Rather than a job interview, a résumé and a cover letter are good materials to hire the right workers. Applicants can put diverse factors related to themselves on paper. Also they have enough time to prepare the documents. Developing logical ideas and telling the company their story is possible. A company can understand their qualifications, possibilities and even their characteristics. Based on this reason, a job interview is not a good method to hire proper workers.

저는 몇 가지 이유로 면접이 적합한 직원을 고용하는 좋은 방법이라고 생각하지 않습니다. 면접은 지원자를 살펴보는 데 시간제한이 있습니다. 지원자는 그들의 강점을 보여 줄 시간이 충분하지 않습니다. 동시에 어떤 사람을 직접 대면한다는 것은 면접관의 주관적인 시각에 근거하여 결정을 내릴 수 있다는 것을 의미합니다. 모든 것을 종합해 볼 때 면접은 회사가 적합한 인재를 선별할 수 없습니다. 면접보다는 이력서와 자기소개서가 적합한 사람을 채용하기에 좋은 자료입니다. 지원자는 자신과 관련된 다양한 요소를 입사 서류에 기재할 수 있습니다. 또한 그들은 서류를 준비할 충분한 시간이 있습니다. 논리적인 생각을 펼쳐 나가는 것과 회사에 그들의 이야기를 들려주는 것이 가능합니다. 회사는 그들의 자격 조건과 가능성, 심지어 그들의 성격까지 이해할 수 있습니다. 이러한 이유를 근거로 면접은 적합한 인재를 고용하기에 좋은 방법이 아니라고 생각합니다.

screen 선별하다 **strong point** 장점 **subjective** 주관적인 **filter** 거르다 **suitable** 적절한 **diverse** 다양한 **qualification** 자격

Actual Test 09

⇒ 문제지 P66

Questions 1-2

Answer_09_01~02

올려 읽기, 내려 읽기, 끊어 읽기, **볼드체** 강조하기, ___ 연음, 강세

Question 1

Build Your Muscles Gym is the **perfect** place for the **entire** family, / from grand**chi**ldren to grand**pa**rents. // If you register with us before **March**, / you can buy our membership for **only $50**. // It includes training suits, gymnasium shoes and one locker. // After **March 1st**, / **registration** is **up** to **$70**. // **Children** under **15** can get a membership for **only $20**. // All **members** will receive free parking tickets, / one free personal training program and group exercise classes. // Why don't you **build** your **muscles right here** with us? //

빌드 유어 머슬 체육관은 어린아이부터 노인 분들까지 온 가족을 위한 완벽한 공간입니다. 3월 전에 등록하시면 단돈 50달러에 등록 가능합니다. 여기에는 운동복과 운동화, 사물함 하나가 포함되어 있습니다. 3월 1일 이후에는 등록비가 70달러까지입니다. 15세 이하 아이들의 회원비는 20달러면 됩니다. 모든 회원들은 무료로 주차할 수 있으며, 1회 무료로 개인 트레이닝을 받을 수 있고, 단체 운동 수업도 참여할 수 있습니다. 저희와 이곳에서 몸을 만들어 보시는 게 어떨까요?

entire 전체의 **register** 등록하다 **training suit** 운동복 **gymnasium shoes** 운동화

Question 2

Welcome to **Real Story**. // As we advertised before, / **today** we have a **very special** guest. // The **youngest** person with a **Harvard Ph.D.** degree in our **country**, / who was **also designated** the first female minister, / is here with us **today**. // She has published a number of **books** that have ins**pi**red teenagers and students experiencing the **challenges** of adolescence. // Today, / we will **listen** to her personal history. // Please give a **huge** round of applause / and a **big** welcome to **Catherine Flower**, / former Minister of Education. //

리얼 스토리 쇼에 오신 여러분 환영합니다. 미리 광고한 바와 같이 오늘은 아주 특별한 게스트를 모셨습니다. 이 분은 국내 최연소로 하버드 박사 학위를 취득하시고, 최초 여성 장관으로 임명되셨습니다. 그녀는 십대들과 사춘기의 방황을 경험하고 있는 학생들에게 영감을 주는 많은 책을 집필하셨습니다. 오늘은 이분의 인생사에 대해 이야기 나눠 보도록 하겠습니다. 전 교육부 장관 캐서린 박스 씨를 뜨거운 박수로 맞아 주시기 바랍니다.

Ph.D. degree 박사 학위 **designate** 지명하다 **minister** 장관 **publish** 출간하다 **inspire** 격려하다 **adolescence** 청소년기 **applause** 박수

Question 3

Answer_09_03

30초 준비 시간 활용하기

장소	jazz bar
중심 대상	groups of people, enjoying the performance, drinking beverages, in the foreground, a man in a black suit, resting his elbow on the table, next to him, another man with blonde hair, leaning on the table, looking at the stage
주변 대상	on the stage, the players in black, giving a musical performance
마무리	dreamlike atmosphere

45초 답변하기

In this picture, I can see the stage in a jazz bar. There are groups of people enjoying the performance and drinking beverages at their tables. In the foreground of the picture, a man in a black suit is resting his elbow on the table with hand in the air. I think he is fully enjoying the performance. Next to him, another man with blonde hair is slightly leaning on the table and looking at the stage. On the stage, the players in black are giving a musical performance with a cello, a drum and a piano. [Level 7 추가 답안] They look like they are concentrating on their performance to create music harmony. They might be doing their best to touch the audience with their playing. This jazz bar has a dreamlike atmosphere.

이 사진에서 저는 재즈 바의 무대를 볼 수 있습니다. 여러 그룹의 사람들이 테이블에 앉아 음료를 마시며 공연을 즐기고 있습니다. 사진의 앞쪽으로 검은색 정장을 입은 남자가 팔꿈치를 테이블에 놓고 손을 공중에 들고 있습니다. 그는 공연을 만끽하고 있는 것 같습니다. 그 옆으로, 금발의 다른 남자는 테이블에 약간 기대어 무대를 바라보고 있습니다. 무대에는 검은색 옷을 입은 연주자들이 첼로와 드럼, 피아노를 가지고 음악 공연을 하

고 있습니다. 그들은 하모니를 이루기 위해 집중하는 것 같습니다. 그들은 연주로 청중들의 심금을 울리기 위해 최선을 다하고 있습니다. 이 재즈 바는 몽환적인 분위기를 가지고 있습니다.

foreground 전경 **fist** 주먹 **blonde** 금발인 **lean on** ~에 기대다 **concentrate** 집중하다 **dreamlike** 몽환적인

Questions 4-6

Answer_09_04~06

내레이션 시간 활용하기

주제: 대중교통

subway, near to my house, transfer

Question 4

주로 언제 대중교통을 이용하나요?

15초 답변하기

I take the subway to work every morning. While I am on the subway, I read a book or listen to music. [Level 7 추가 답안] Every morning, the subway is always packed with lots of people during rush hour, so I try to wake up early and ride the subway a little earlier.

저는 매일 아침 지하철을 타고 출근합니다. 지하철에서 저는 책을 읽거나 음악을 듣습니다. 매일 아침 출근 시간에는 사람들로 지하철이 가득 찹니다. 그래서 저는 일찍 일어나서 조금이라도 일찍 지하철을 타려고 노력합니다.

pack 가득 채우다

Question 5

어떤 대중교통을 가장 좋아하나요?

15초 답변하기

My favorite form of public transportation is the subway because a subway station is near my house. [Level 7 추가 답안] It takes about 15 minutes on foot from my house to the station.

제가 가장 좋아하는 대중교통은 지하철인데, 지하철역이 저희 집에서 가깝기 때문입니다. 집에서 역까지 걸어서 약 15분 정도 걸립니다.

Question 6

오늘 아침에 이곳까지 어떻게 오셨는지 자세히 말씀해 주세요.

30초 답변하기

Let me tell you how I travelled here this morning. First, I walked for five minutes to the bus stop near my house. I got on the bus, No. 7. It took me to the subway station, Sadang. I transferred to subway line No. 2 to ride the subway bound for Gangnam. After five stations, I got off the subway and walked up the stairs to go out through exit No. 11. [Level 7 추가 답안] Then, I was able to find the building on my right side. The whole journey from door-to-door took 30 minutes.

제가 아침에 이곳까지 어떻게 왔는지 말씀드리겠습니다. 먼저, 저는 집 근처의 버스 정류장까지 5분 정도 걸었습니다. 그리고 7번 버스를 탔습니다. 그리고 사당 지하철역까지 왔고 강남행 지하철을 타기 위해 사당에서 지하철로 갈아탔습니다. 다섯 정거장 후, 지하철에서 내려 11번 출구로 나오기 위해 계단을 올라왔습니다. 그리고 오른쪽에 건물이 있었습니다. 집에서 나와 여기까지 30분 걸렸습니다.

transfer 이동하다 **exit** 출구 **door-to-door** 출발지에서 도착지까지

Questions 7-9

🔊 Answer_09_07~09

30초 준비 시간 활용하기

❶ 기본 정보: 8월 프로그램

윌링턴 지역 센터 여름 프로그램
2013년 8월

❷ 요일: 월요일~금요일까지
❹ 시간: 마라톤 빼고 하루 2회 수업
❻ 목표 대상: 초급자, 노년층, 마라톤 대비, 상급자, 모든 연령이 가능한 수업

요일	수업	시간	장소	대상
월요일	수영	오전 7시, 오전 8시	수영장	초급자를 위한 기초 과정
화요일	에어로빅	오전 7시, 오후 7시	다목적 홀	50세 미만
수요일	마라톤	오전 6시	마이우스 공원	마라톤 준비 과정
목요일	테니스	오전 7시, 오후 7시	테니스장	상급자를 위한 연습 경기
금요일	요가	오전 7시, 오후 7시	다목적 홀	모든 연령

❸ 수업: 수영, 에어로빅, 마라톤, 테니스, 요가
❺ 장소: 수영장, 홀, 공원, 코트

- 모든 수업은 매달 1일에 시작합니다. 적어도 첫 수업 하루 전에는 등록해 주시기 바랍니다.
  ❼ 추가 정보: 시작은 매월 초이며, 하루 전날까지는 등록

Hi, this is Julie, a member of the Willington Community Center. I received the summer program for August a week ago. I definitely took the program to my office, but now I can't find it anywhere. I have no information and I am having problems registering for your classes. Could you please answer a few questions about your classes in August?

안녕하세요. 저는 윌링턴 지역 센터 회원 줄리입니다. 저는 일주일 전에 8월 여름 프로그램을 받았습니다. 분명히 그것을 제 사무실로 가져갔는데, 어디에서도 찾을 수가 없습니다. 저는 아무런 정보도 없는 데다 수업을 등록하는 데 문제가 있습니다. 8월 수업에 관한 제 질문에 답변해 주실 수 있습니까?

multipurpose 다목적의 **prep** 예비의 **advanced** 상급의

Question 7

Beginning next month, I am supposed to take part in a yoga class. What day is the class?

다음 달부터 저는 요가 수업을 듣기로 되어 있습니다. 그 수업은 어느 요일에 진행됩니까?

15초 답변하기

The yoga class is scheduled every Friday. The class is scheduled two times a day at 7 a.m. and 7 p.m. [Level 7 추가 답안] This class targets all age groups.

요가 수업은 매주 금요일에 열립니다. 이 수업은 오전 7시와 오후 7시 매일 2회 진행됩니다. 이 수업은 전 연령대를 대상으로 합니다.

take part in ~에 참가하다 **target** 대상으로 삼다

Question 8

This month I attended aerobics classes on Fridays. Is it the same next month?

이번 달에 금요일마다 에어로빅 수업을 들었습니다. 다음 달에도 똑같습니까?

15초 답변하기

I think you have the wrong information. You can take part in the aerobics class every Tuesday, not Friday. There are two classes at 7 a.m. and 7 p.m. daily. [Level 7 추가 답안] The location for the class is the multipurpose hall.

잘못된 정보를 알고 계신 것 같습니다. 에어로빅 수업은 매주 금요일이 아니라 화요일에 참여하실 수 있습니다. 하루에 오전 7시, 오후 7시 두 번의 수업이 있습니다. 수업 장소는 다목적홀입니다.

Question 9

I want to take classes in the evening after work. Can you tell me what classes are available?

저는 퇴근 후 저녁 시간에 수업을 듣고 싶습니다. 가능한 수업이 어떤 것인지 말씀해 주시겠습니까?

30초 답변하기

There are three classes you can consider. Why don't you take an aerobics class on Tuesday? The class is for those under age 50. Otherwise, you can consider a tennis class of practice matches for advanced learners. Finally, there is a yoga class. It is open to all age groups. [Level 7 추가 답안] All classes start on the first day of every month. Please register at least one day before the first day of class.

고려하실 수 있는 수업은 3개가 있습니다. 화요일 에어로빅 수업은 어떠십니까? 이 수업은 50세 미만 연령을 위한 것입니다. 그렇지 않으면 당신은 상급자들끼리 연습 경기를 해 볼 수 있는 테니스 수업도 고려해 보실 수 있습니다. 마지막으로 요가 수업도 있습니다. 이 수업은 전 연령을 대상으로 합니다. 모든 수업은 매월 1일에 개강합니다. 각 수업 시작 최소 하루 전에는 등록을 마쳐 주세요.

Question 10

Answer_09_10

Hi, this is Eric Stone. I'm a tenant living on the ninth floor of this apartment building. I moved here three months ago and I enjoy living here because of my good neighbors. However, I have a problem and I'm calling because you are the apartment manager. This summer is very hot, so I open my windows a lot. The problem is that the wind blows a funny smell into my room. I didn't want to complain, but the smell has continued for a whole week. As an apartment manager, please let me know what you can do about this situation. I would appreciate a return call.

안녕하세요, 저는 에릭 스톤이라고 합니다. 저는 이 아파트 9층에 사는 입주민입니다. 저는 3개월 전에 이곳으로 이사를 왔고, 지금은 좋은 이웃들과 즐겁게 지내고 있습니다. 그런데 문제가 생겨서 아파트 관리자인 당신께 전화를 드렸습니다. 이번 여름은 정말 더워서 창문을 자주 열고 있습니다. 문제는 바람이 불 때마다 이상한 냄새가 제 방으로 들어온다는 것입니다. 저는 이 문제에 대해 불만을 제기하고 싶지는 않았지만, 냄새가 일주일 내내 계속되었습니다. 아파트 관리자로서 이 상황에서 무엇을 해 주실 수 있는지 알려 주세요. 전화 주시면 감사하겠습니다.

tenant 세입자 **complain** 항의하다

30초 준비 시간 활용하기

전화 건 사람	Eric Stone, a tenant
나의 신분	apartment manager
문제점	the wind blows a funny smell into my room
요구 사항	what you can do about this situation
해결책	move the trash bins
추가 설명	smell less

60초 답변하기

Hello, Mr. Stone, this is Rachel Brown, the apartment manager, returning your call. I received your message and understood you are having trouble with a funny smell. I am sorry to hear this. After checking the apartment's back yard, I found the bad smell comes from one of the trash bins. There is food waste rotting out there. Please don't worry because I will move the trash bins. They are right next to our building. I will move them closer to the back fence and they will smell less. I will also put lids on the bins. [Level 7 추가 답안] Otherwise, as an apartment manager, I will designate the time and date for throwing out garbage containing food waste. It might be right before the garbage truck picks up the garbage on Fridays. I will ask all the residents to use standard plastic bags for food waste. I will also fine them if they violate the rule. If you need further assistance, please feel free to contact me anytime.

안녕하세요, 스톤 씨. 아파트 관리인 레이첼 브라운입니다. 남겨주신 메시지를 들었고, 이상한 냄새 때문에 고생하신다고 말씀하셨습니다. 유감입니다. 아파트 뒷마당을 확인해 보니 쓰레기통 하나에서 악취가 나고 있는 것을 발견했습니다. 음식물 쓰레기가 그곳에서 썩고 있는 것 같습니다. 제가 쓰레기통을 옮길 것이기 때문에 더 이상 걱정하지 않으셔도 됩니다. 지금은 쓰레기통이 우리 건물 바로 옆에 있는데, 이것을 뒷마당 울타리쪽으로 옮겨 놓으면 냄새가 덜 날 것입니다. 그리고 쓰레기통을 뚜껑으로 덮도록 하겠습니다. 그렇지 않으면 아파트 관리자로서 저는 음식물 쓰레기의 배출 시간과 날짜를 지정하도록 하겠습니다. 배출 시간은 금요일에 쓰레기차가 수거해 가기 전이 될 것입니다. 모든 거주자들에게 지정된 음식물 쓰레기봉투를 쓰도록 요청할 것입니다. 또한, 규칙을 어길 경우에는 벌금을 부과할 것입니다. 더 도움이 필요하시면, 언제든지 연락 주세요.

back yard 뒷뜰 **trash bin** 쓰레기통 **rot** 부패하다 **lid** 뚜껑 **superintendant** 관리자 **designate** 지정하다 **standard** 규격에 맞춘 **plastic bag** 비닐봉지 **fine** 벌금을 부과하다 **violate** 위반하다

Question 11

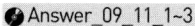 Answer_09_11_1~3

당신은 어떤 사람이 가장 중요하다고 생각하나요? 다음 중 하나를 고르고, 당신의 의견을 뒷받침하는 구체적인 이유나 예를 들어 주세요. 정치인, 과학자, 선생님

15초 준비 시간 활용하기

의견	teachers
이유	They are the first adults who children meet in society.
설명/예시	Children think of them as role models and tend to follow what they do.

60초 답변하기

I think the most important category of people from the choices above is teachers. The first reason is that teachers are the first adults who children meet in society. To be specific, when they enter preschool or elementary school after parting with their parents, they might meet teachers and are guided by them. Also, children think them as role models and tend to follow what they do without any critical thinking. In other words, children will learn any kind of behavior regardless of whether it's good or bad. [Level 7 추가 답안] Secondly, children spend most of their childhood with teachers at preschool and elementary school. To be specific, while they are growing up, they form their sense of values and ethics through interacting with their teachers. Accordingly, depending on how they learned, each child has a different point of view on the world. I believe teachers heavily influence the personalities of their students. That's why I think teachers are the most important class of people.

제게 가장 중요한 사람들은 선생님들인 것 같습니다. 첫 번째 이유로, 선생님들은 아이들이 사회에서 만나는 첫 어른입니다. 자세히 말하자면, 그들이 부모와 떨어져 유치원이나 초등학교를 들어가게 되면, 선생님을 만나 선생님들로부터 보살핌을 받게 될 것입니다. 또한 아이들은 선생님들을 역할 모델로 여기고, 선생님들이 하는 것은 아무런 비판 없이 따라 하게 됩니다. 다시 말해, 학생들은 그것이 좋든 나쁘든 관계없이 어떤 행위든 배우게 될 것입니다. 둘째로, 학생들은 대부분의 유년 시절을 유치원이나 초등학교에서 선생님과 함께 보냅니다. 세부적으로 말하자면, 그들이 자라는 동안 선생님과의 많은 교류를 통해서 가치관과 도덕성을 형성하게 된다는 것입니다. 그들이 어떻게 배웠느냐에 따라서 각 아이들은 다양한 세계관을 가지게 될 것입니다. 저는 유년 시절의 선생님들이 아이들의 인성을 형성한다고 생각합니다. 이러한 이유에서 저는 선생님들이 가장 중요한 사람들인 것 같습니다.

preschool 유치원 **part with** ~와 헤어지다 **role model** 역할 모델 **tend to** ~하는 경향이 있다 **critical** 비판적인 **regardless of** ~에 상관없이 **form sense of value** 가치관을 형성하다 **ethic** 윤리 **interact** 교류하다 **accordingly** 그런 이유로 **point of view** 관점 **personality** 성격

15초 준비 시간 활용하기

의견	politicians
이유	They can improve our quality of life.
설명/예시	Laws can protect us from criminals and disordered situations.

60초 답변하기

I think the most important category of people is politician. There are several reasons to support my opinion. Firstly, they are lawmakers. They can improve our quality of life. They build systems, policies and infrastructure to make our lives more convenient. Laws can protect us from criminals and disordered situations so that we can live very safely. [Level 7 추가 답안] The second reason is that they are tax spenders. As they spend taxes practically, efficiently and transparently, they make our society a better place to live. They can pour a lot of money into building many cultural facilities like live theaters, public parks, museums and so on. They sometimes give subsidies to underprivileged people. **That's why politicians are very important.**

제 생각에 가장 중요한 부류의 사람들은 정치가입니다. 저의 의견을 뒷받침할 몇 가지 이유가 있습니다. 먼저 그들은 입법자입니다. 그들은 우리의 삶의 질을 향상시킬 수 있습니다. 그들은 우리의 삶을 편리하게 하려고 시스템과 정책, 사회 기반 시설을 만듭니다. 법은 범죄와 무질서한 상황으로부터 우리를 보호하여 안전한 삶을 살 수 있도록 합니다. 두 번째 이유는 정치가들이 세금 집행자라는 점입니다. 그들이 실용적이고 효율적이며 투명하게 세금을 사용할수록 우리 사회를 더 살기 좋은 곳으로 만듭니다. 그들은 공연장과 공원, 박물관과 같은 많은 문화 시설을 만드는 데 큰돈을 쓸 수 있습니다. 때때로 그들은 소외 계층에게 보조금을 지원합니다. 이것이 정치가들이 매우 중요한 이유입니다.

lawmaker 입법자 **infrastructure** 사회 기반 시설 **disordered** 혼란한 **transparently** 투명하게 **subsidy** 보조금 **underprivileged** 혜택 받지 못한

15초 준비 시간 활용하기

의견	scientists
이유	They have invented lots of electronic devices and develop technology to make our lives more convenient.
설명/예시	They invented the computer and developed Internet technology.

60초 답변하기

I think the most important category of people is scientists for some reasons. Most of all, they have invented lots of electronic devices and develop technology to make our lives more convenient. For example, they invented the computer and developed Internet technology. Technology allows us to read books from foreign countries without flying. It allows us to have face-to-face communication through the Internet no matter where we are. [Level 7 추가 답안] The second reason is that they are the only people who can solve environmental problems. To be more specific, they might create alternatives to replace current energy which is causing serious air pollution. Without them, global warming will become more serious and more people will die from severe natural disasters. **Based on this reason the most important category of people is scientists.**

저는 몇 가지 이유에서 가장 중요한 부류의 사람들은 과학자들이라고 생각합니다. 무엇보다도 그들은 우리의 삶을 편리하게 만들기 위해 많은 전자 기기와 기술을 발명해 왔습니다. 예를 들어, 그들은 컴퓨터를 발명하였고 인터넷 기술을 발전시켰습니다. 기술은 우리가 비행기를 타지 않고도 외국에 있는 서적을 읽을 수 있게 해줍니다. 또 우리가 어디에 있든 인터넷을 이용하여 서로 얼굴을 맞대고 의사소통할 수 있도록 해 줍니다. 둘째로 과학자들은 환경 문제를 해결할 수 있는 유일한 사람입니다. 좀 더 자세히 말하자면, 그들은 심각한 공해를 일으키는 현재의 에너지를 대신할 대체 에너지를 만들 수도 있습니다. 그들이 없다면 지구 온난화는 매우 심각해질 것이고 더 많은 사람들이 심각한 자연재해로 죽게 될 것입니다. 이러한 이유에 근거하여 과학자들이 가장 중요한 사람이라고 생각합니다.

Actual Test 10

⇒ 문제지 P73

Questions 1-2

Answer_10_01~02

↗ 올려 읽기, ↘ 내려 읽기, / 끊어 읽기,
볼드체 강조하기, ___ 연음, ▨ 강세

Question 1

We **need** an <u>assistant manager</u> in the **promotion campaign** for **Shining Hair Shampoo**.↘ // A <u>bachelor's degree in business administration</u>↗ or <u>marketing</u>↗ is **necessary** / including at least **three** years of experience in a **related field**.↘ // We will offer **high wages,**↗ / **generous welfare packages**↗ and **30 days** off a **year**.↘ // Anyone who is **interested** in this **position,**↗ / **please** send your résumé by **January 15th** to <u>shiningworkers@gmail.com</u>.↘ // We are **eager** to find partners who are willing to **dedicate** themselves / to **growing** with us.↘ //

샤이닝 헤어 샴푸에서 홍보를 담당할 대리급 직원을 구합니다. 경영이나 마케팅 학사 학위는 필수이며, 관련 분야에서 3년 이상의 경험이 있어야 합니다. 저희는 높은 임금과 훌륭한 복지 제도, 연 30일 휴가를 보장합니다. 이 자리에 관심이 있으신 분들은 1월 15일까지 shiningworkers@gmail.com으로 이력서를 보내 주시기 바랍니다. 일에 헌신하여 함께 성장할 파트너를 찾을 수 있기를 학수고대합니다.

assistant manager 대리 **promotion** 홍보 **bachelor's degree** 학사 학위 **business administration** 경영학 **field** 분야 **wage** 임금 **generous** 후한 **be eager to** ~을 하고 싶어 하다 **dedicate** 바치다

Question 2

Multi Packs Magazine Service will give you full complimentary services / with a <u>magazine subscription</u>.↘ // If you want to be our **subscriber,**↗ / **please** <u>download the form</u> on the website and fill it out.↘ // You will be a̲warded **10,000** <u>mileage points</u>.↘ // They will be saved to your own **account** / once you **sign up**.↘ // **Also** you will receive **one free book voucher** as a **present**.↘ // Your subscription will be **automatically** renewed / until you **cancel** your subscription.↘ // This **offer** is **valid** for this month only.↘ // **Please** hurry up.↘ //

멀티 팩 매거진 서비스는 잡지 구독과 함께 많은 무료 서비스를 제공해 드립니다. 저희 구독자가 되시려면, 웹사이트에서 양식을 내려받아 작성하시기 바랍니다. 가입하시는 분들께는 10,000 마일리지 포인트가 지급됩니다. 이 마일리지 포인트는 가입하자마자 사용하실 수 있는 계정으로 적립될 것입니다. 또한 무료로 책을 구매하실 수 있는 상품권이 선물로 지급됩니다. 취소하기 전까지는 구독 상태가 계속 유지될 것입니다. 이 할인은 이번 달까지만 유효합니다. 서둘러 주세요.

complimentary 무료의 **subscription** 구독 **subscriber** 구독자 **form** 양식 **fill out** 기입하다 **award** 수여하다 **account** 계정 **voucher** 상품권 **renew** 갱신하다 **valid** 유효한

Question 3

Answer_10_03

30초 준비 시간 활용하기

장소	crosswalk
중심 대상	people, crossing the street, heading in the left, wearing slightly thick clothes, a man in the center wearing blue jeans, putting both his hands in his pockets, taking long steps
주변 대상	to the right of them, a bus and a van, stopped
마무리	in the background, a plaque, hanging on the building

45초 답변하기

This picture was taken at a crosswalk. People are crossing the street. All of them are heading in the left direction in the picture. They are wearing slightly thick clothes, so winter is just around the corner. A man in the center wearing blue jeans is putting both his hands in his pockets and taking long steps. To the right of them, a bus and a van are stopped at a red traffic signal. [Level 7 추가 답안] Behind them, many tall buildings can be seen. Street lights are placed next to the bus stop. In the background of the picture, a plaque saying 'CHICAGO' is hanging in front of a building.

이 사진은 횡단보도에서 찍혔습니다. 사람들이 거리를 건너고 있습니다. 그들 모두는 사진의 왼쪽을 향하고 있습니다. 약간 두툼한 옷을 입고 있는 것으로 보아, 겨울이 다가오는 것 같습니다. 가운데 청바지를 입고 있는 남자는 양손을 주머니에 넣고 넓은 보폭으로 걷고 있습니다. 그들 오른쪽으로, 버스와 밴이 빨간 신호에 멈춰 서 있습니다. 그들 뒤로 많은 높은 건물이 보입니다. 가로등이 버스 정류장 옆으로 설치되어 있습니다. 사진의 뒤쪽으로 '시카고'라고 적힌 간판이 건물 앞에 걸려 있습니다.

crosswalk 횡단보도 just around the corner 임박하여 street light 가로등 plaque 명판

Questions 4-6
🔊 Answer_10_04~06

내레이션 시간 활용하기

주제: 책

detective stories, Arthur Conan Doyle, online bookstores, good sources of information

Question 4
한 달에 책을 얼마나 읽고 어떤 책을 즐겨 읽나요?

15초 답변하기

I read two books per month and I like to read detective stories. Lately, I have been reading a book written by Arthur Conan Doyle on the way to work. [Level 7 추가 답안] After this book, I will try another detective novel from another author.

저는 한 달에 두 권 책을 읽고 추리 소설을 즐겨 읽습니다. 요즘은 출근길에 아서 코난 도일의 책을 읽고 있습니다. 이 책을 다 읽고 나면, 다른 작가의 다른 추리 소설을 볼 것입니다.

detective 탐정 **novel** 소설 **author** 작가

Question 5
책을 보통 어디에서 구입하나요?

15초 답변하기

I usually buy books online, because online bookstores provide a wide range of books at a lower price than offline bookstores. [Level 7 추가 답안] Additionally, as they deliver it to my front door for free, I feel it is convenient to buy my books online.

저는 보통 책을 온라인으로 구매하는데, 온라인 서점들은 다양한 책을 오프라인 서점보다 저렴한 가격으로 제공합니다. 게다가, 온라인 서점들은 심지어 집 앞까지 무료로 배송해 주기 때문에 온라인으로 편하게 살 수 있습니다.

a wide range of 다양한 **deliver** 배달하다 **convenient** 편리한

Question 6
당신은 정보는 얻는 데 책이 다른 어떤 방법보다 더 좋다고 생각하십니까?

30초 답변하기

Yes, I think that books are good sources of information. Books always convey accurate knowledge compared with the Internet, which offers user-created information. I can trust all content from books. [Level 7 추가 답안] That's why I always open a book to find information.

네, 저는 책이 정보를 얻기에 좋은 소스라고 생각합니다. 책은 언제나 정확한 정보만을 전달해 줍니다. 사용자들이 정보를 만들어 내는 인터넷과 비교해서 말이지요. 저는 책의 모든 콘텐츠들을 신뢰할 수 있습니다. 이러한 이유에서 저는 정보를 얻기 위해 항상 책을 활용합니다.

convey 전달하다 **compare with** ~와 비교하다

Questions 7-9
🔊 Answer_10_07~09

30초 준비 시간 활용하기

피트 브라운
pittbrown@gmail.com
목적: 프레젠트 사의 마케팅 부장 지원

❶ 기본 정보: 마케팅 부장에 지원한 피트 브라운의 이력서

경력

2008. 9 ~ 현재	미국 넥스트 모바일 사, 미디어부 부팀장
2004. 2 ~ 2006. 8	한국 넘버원 사, 시장 연구원
2000. 9 ~ 2004. 1	한국 크루거 컴퓨터 주식회사, 광고 마케팅부 직원

❷ 경력: 3곳의 회사에서 마케팅 직원, 연구원을 거쳐 현재 미디어부 부팀장

학력

| 2000. 12 | 남서 미주리 주립 대학교 졸업 마케팅 학사, 광고 홍보 전공 대중 매체 학사, 언론학 전공 |

❸ 교육: 미주리 대학을 졸업하고, 마케팅과 매체학 전공

능력

| 언어 | 한국어, 영어, 불어에 능통함 |
| 성격 | 대인 관계에 능숙함 열린 마음을 가졌으며, 리더십이 있음 |

❹ 능력: 한국어, 영어, 불어를 구사하며 사교적이고 리더십이 있음

Hello, this is Robin, Head of the Marketing Department. A few days ago, I received a résumé from an applicant named Pitt Brown. But I can't find it anywhere. Before his interview, I want to check his work history and other information. As you are the manager of the Human Resources Department, I am sure you can provide information about him. Could you answer my questions please?

안녕하세요, 저는 마케팅부 부서장 로빈입니다. 며칠 전, 저는 피트 브라운이라는 지원자의 이력서를 받았지만 그것을 찾을 수가 없습니다. 인터뷰 전에 그의 경력 및 기타 내용을 확인하고 싶습니다. 인사 부서의 부장이시니 그에 대한 정보를 주실 수 있을 거라 생각합니다. 제 질문에 답해 주실 수 있으십니까?

objective 목적 **obtain** 획득하다 **marketing director** 마케팅 부장 **assistant manager** 부팀장 **assistant** 담당 직원 **emphasis** 주안점 **fluent** 유창한 **interpersonal** 대인 관계에 관련된

Question 7

What position did he apply for in our marketing department?

그는 마케팅 부서의 어느 직책에 지원했습니까?

15초 답변하기

Pitt Brown applied for our company as a marketing director. [Level 7 추가 답안] He has more than 5 years experience in marketing field.

피트 브라운 씨는 우리 회사의 마케팅 부장 자리에 지원했습니다. 그는 마케팅 분야에서 5년 이상의 경력을 가지고 있습니다.

apply for ~에 지원하다

Question 8

I want to contact him. Can you give me his private phone number?

그와 연락하고 싶습니다. 그의 개인 전화번호를 알려 주실 수 있으십니까?

15초 답변하기

I'm sorry but you can't contact him by phone. He only mentioned his e-mail account, pittbrown@gmail.com. [Level 7 추가 답안] You should send him an e-mail if you have questions.

죄송합니다만, 전화로 그에게 연락을 취하실 수 없습니다. 그는 이메일 주소 pittbrown@gmail.com만 써 놓았습니다. 질문이 있으시다면 그에게 이메일을 보내셔야 합니다.

contact 연락하다 **mention** 언급하다

Question 9

Can you brief me on his work experience up to now?

그의 현재까지의 경력에 대해서 간략히 말씀해 주실 수 있으십니까?

30초 답변하기

He has worked for three companies up until now. The first company was Crooger Computer Inc., in Korea. He was an advertising and marketing assistant beginning in 2000. Consecutively, from 2004 to 2006, he worked for Number 1 in Korea as a market researcher. Now, he is the media assistant manager at Next Mobile in the US. [Level 7 추가 답안] He is fluent in Korean, English and French. He has excellent interpersonal skills, an open mind and leadership abilities.

그는 현재까지 세 곳의 회사에서 일했습니다. 첫 번째 회사는 한국의 크루거 컴퓨터 주식회사로 그는 2000년부터 광고 마케팅부 직원으로 일했습니다. 계속해서 2004년부터 2006년까지 그는 한국의 넘버원 사에서 시장 연구원으로 일했으며, 현재 미국 넥스트 모바일 사의 미디어부 부팀장입니다. 그는 한국어와 영어, 불어에 능통합니다. 대인 관계 능력과 열린 마음, 리더십을 겸비하고 있습니다.

consecutively 연속하여

Question 10

Answer_10_10

Hello, this is Freddy from the Administrative Department. Next month our department will introduce a new approval system to our company. We will try to finish replacing the current approval system with a high-technology program as fast as we can. Before replacing, we want to demonstrate how to use this system to all our employees next Monday. But the problem is that day is presidential election day, which is a public holiday, and it is the only day we can use our main auditorium with 300 people. As you are the manager of the Human Resources Department, I think you might have had similar experiences like this. So, please give me any ideas you have on how to encourage employees to attend this demonstration. I will wait for your phone call. Thank you.

안녕하세요, 총무부의 프레디입니다. 다음 달 총무부에서 새로운 결재 시스템을 회사에 도입합니다. 저희는 현재의 시스템을 첨단 프로그램으로 가능한 한 빨리 교체하려 노력하고 있습니다. 교체 전에, 이 시스템을 이용하는 방법에 대해 다음 주 월요일 전 직원들에게 설명하고자 합니다. 그러나 문제는 그날이 국경일인 대통령 선거일이라는 것입니다. 또한 300명을 수용할 수 있는 강당도 그날만 이용할 수 있습니다. 인사부 부장으로서 이러한 유사 경험이 있으셨을 거라 생각합니다. 어떻게 해야 직원들의 참석을 장려할 수 있는지 아이디어를 주시기 바랍니다. 전화 기다리겠습니다. 감사합니다.

administration 행정 **approval** 승인 **presidential election** 대통령 선거 **public holiday** 공휴일

30초 준비 시간 활용하기

전화 건 사람	Freddy from the Administrative Department
나의 신분	manager of the Human Resources Department
문제점	The education day is presidential election day.
요구 사항	how to encourage employees to attend
해결책	print the schedule of the education
추가 설명	post it on the bulletin boards on every floor

60초 답변하기

Hello, Freddy. This is Stella, manager at Human Resources. I heard your voice message asking me for some ideas on how to boost the attendance rate. Here's some suggestions. You'd better print the schedule of the education and post it on the bulletin boards on every floor. At the same time, send the schedule to all employees by email. To make sure, ask all department managers to notify employees of this education schedule during the upcoming regular Friday meeting. If you use several sources to inform them simultaneously, everyone will know about it. [Level 7 추가 답안] To boost the attendance rate, you can organize some sport activities by department after the education. Alternatively, it also may be a good idea to change the date of the event. If you need more assistance from me, feel free to call me any time.

안녕하세요, 프레디. 인사부 부장 스텔라입니다. 어떻게 해야 교육 참석률을 올릴 수 있는지에 대한 아이디어를 물어 보신 음성 메시지 들었습니다. 몇 가지 제안을 드릴게요. 일정표를 프린트해서 각 층의 게시판에 붙이세요. 동시에 그 일정을 전 직원에게 메일로 보내세요. 확실히 하기 위해서, 모든 부서의 부서장에게 이 교육 일정을 다음 금요일 정규 회의에 공지해 달라고 요청하세요. 다양한 방법을 동시에 활용한다면, 모든 직원이 이 일에 대해 잘 알게 될 것입니다. 참석률을 끌어올리기 위해, 교육 후 부서별 스포츠 경기를 진행해 볼 수 있을 것 같습니다. 대안으로 그 행사 날짜를 바꿔 보는 것도 좋은 생각일 것 같습니다. 만약 저의 도움이 더 필요하시다면 언제든 전화해 주세요.

attendance rate 참석률 **bulletin board** 게시판 **notify** 알리다 **upcoming** 다가오는 **simultaneously** 동시에 **boost** 증가시키다

Question 11   Answer_10_11_1~2

부모가 자녀에게 가르쳐야 하는 가장 중요한 기술이 무엇이라고 생각하나요? 당신의 의견을 뒷받침하는 구체적인 이유나 예를 들어 주세요. 의사소통 능력, 돈을 쓰는 법, 독립심

15초 준비 시간 활용하기

의견	communication skills
이유	They will have better relationships with their friends.
설명/ 예시	They will create a good study environment and have good memories with their friends.

60초 답변하기

I think the most important factor that parents should teach their children is communication skills. Today, many companies tend to put more emphasis on the job interview, which requires good communication skills. Under such circumstances, in order to survive the cut-throat competition in the job market, it is the important duty of a parent to teach their children how to express their opinions. As they develop effective communication skills, children can interact with other people smoothly. [Level 7 추가 답안] With the increasing spread of 'school bullying' in our school system, children do need good social skills more than ever. As a means of protecting their children, parents should help their children learn good communication skills so that they are not bullied nor bully any others. Children learn a lot from how parents treat them and when they observe how parents interact with others. For this reason, I believe that teaching children communication skills is the most important skill a parent can teach.

저는 부모가 자녀에게 가르쳐야 하는 가장 중요한 것은 의사소통 능력이라고 생각합니다. 오늘날 많은 회사들이 면접에 더욱 중점을 두고 있는데, 면접에서는 훌륭한 의사소통 능력이 요구됩니다. 이러한 상황에서 취업 시장의 치열한 경쟁에서 살아남으려면, 아이들이 어떻게 그들의 의견을 표현하는지를 가르치는 것이 부모의 중요한 의무입니다. 그들이 효율적인 의사소통 능력을 향상시키면, 다른 사람과 원활하게 교류할 수 있을 것입니다. 학교 체제 안에서 '왕따'가 퍼지고 있기 때문에 아이들은 어느 때보다 훌륭한 사회성이 정말 필요합니다. 이런 아이들을 보호하는 수단으로, 부모들은 그들이 괴롭힘을 당하거나 누군가를 괴롭히지 못하게 하려고 자녀들에게 좋은 의사소통 능력을 배우게 해야 합니다. 아이들은 부모가 자신들을 대하는 태도와 부모가 다른 사람과 어떻게 소통하고 대하는지를 관찰할 때 많은 것을 배웁니다. 이러한 이유로 아이들에게 의사소통 능력을 가르치는 것이 가장 중요하다고 생각합니다.

emphasis 강조 **circumstances** 상황 **cut-throat** 경쟁이 치열한 **competition** 경쟁 **interactive** 상호적인 **school bullying** 학교의 집단 괴롭힘 **constantly** 끊임없이 **bully** 괴롭히다 **reject** 거부하다 **observe** 관찰하다

15초 준비 시간 활용하기

의견	how to spend money
이유	They can understand the value of money.
설명/ 예시	They will think more carefully about which items they need.

60초 답변하기

I think the most important skill that parents teach their children is how to spend money. There are some reasons to support my opinion. First of all, if they learn how to spend money, they can understand the value of money. It makes them spend money with much more care. It means that they will think more carefully about which items they need. As a result, they can save a lot of money from an early age. [Level 7 추가 답안] The second reason is that they can practice how to spend money wisely. They could practice saving with small pocket money. With practical experience, they can develop good spending habits. It will help them handle their salary efficiently when they get a job. Therefore, parents have to teach how to spend money.

저는 부모들이 그들의 자녀에게 가르쳐야 할 가장 중요한 것은 돈을 쓰는 방법이라고 생각합니다. 저의 의견을 뒷받침할 몇 가지 이유가 있습니다. 첫째로 아이들이 돈을 사용하는 방법을 배운다면 돈의 가치에 대해 이해할 수 있을 것입니다. 이것은 아이들이 더욱 신중하게 돈을 쓰도록 만듭니다. 즉 그들이 필요한 것이 무엇인지를 더욱 신중하게 생각한다는 것을 의미합니다. 결과적으로, 그들은 어린 시절부터 많은 돈을 모을 수 있습니다. 두 번째 이유는 아이들이 어떻게 돈을 현명하게 사용할지 연습할 수 있다는 것입니다. 그들은 적은 용돈을 모으는 것을 연습할 수 있습니다. 실용적인 경험과 함께 그들은 좋은 소비 습관을 발달시킬 수 있습니다. 이것은 아이들이 직업을 가졌을 때 월급을 효율적으로 관리하도록 도와줄 것입니다. 따라서 부모들은 돈을 사용하는 법에 대해 반드시 가르쳐야 합니다.

practical 실용적인 **handle** 다루다 **salary** 급료

15초 준비 시간 활용하기

의견	independence
이유	Parents cannot be beside their children all the time.
설명/ 예시	Without independence, they have to struggle and manage to survive.

60초 답변하기

I think the most important factor that parents should teach their children is independence. There are several reasons for this. The first reason is that parents cannot be beside their children all the time. It means when they grow up they definitely must part with their parents, and will have to deal with every situation by themselves. Without independence, they have to struggle and manage to survive. It could be very hard for them. [Level 7 추가 답안] The second reason is that being independent requires they do everything alone. If we allow them to do everything by themselves, they will have more chances to experience independence. They can learn many new skills from their experience. Acting independently helps them widen their point of view and think more flexibly. Based on this reason the most important factor that parents should teach their children is independence.

저는 부모가 아이들에게 가르쳐야 하는 가장 중요한 것은 자립심이라고 생각합니다. 이 의견을 뒷받침할 몇 가지 이유가 있습니다. 첫 번째 이유는 부모들이 아이들 곁에 항상 있어 줄 수 없다는 것입니다. 아이들이 성

장하면 부모와 떨어져 살아야 할 것이고 모든 상황을 스스로 헤쳐 나가야 합니다. 자립심이 없다면 그들은 생존하려고 박버둥을 쳐야 합니다. 이것은 그들에게 매우 힘들 것입니다. 두 번째 이유는, 독립적이 된다는 것은 모든 것을 혼자 해야 한다는 것입니다. 만약 우리가 그들에게 스스로 모든 것을 하라고 요구한다면, 그들은 자립을 경험하게 되는 많은 기회를 갖게 될 것입니다. 그들은 많은 기술들을 경험으로부터 배울 것입니다. 독립적으로 행동하는 것은 그들의 관점을 넓히고 유연하게 생각할 수 있도록 도울 것입니다. 이러한 이유에서, 부모가 아이들에게 가르쳐야 하는 가장 중요한 것은 자립심입니다.

widen 넓히다 **flexibly** 유연하게

Actual Test 11

Questions 1-2 🔊 Answer_11_01~02

♪ 올려 읽기, ↘ 내려 읽기, / 끊어 읽기, **볼드체** 강조하기, ___ 연음, ▓▓ 강세

Question 1

Vital Supplement Company is informing re̲v̲i̲s̲e̲d̲ ̲s̲e̲r̲v̲i̲c̲e̲ ̲c̲h̲a̲r̲g̲i̲n̲g̲ ̲p̲r̲i̲n̲c̲i̲p̲l̲e̲s̲ to our sales staff.↘ // Our rates will incre̲a̲se slightly↘ / due to the **raise** in the wages of deliverymen.↘ // **Presently**♪ / we charge **$3** for i̲n̲b̲o̲u̲n̲d̲ ̲s̲h̲i̲p̲p̲i̲n̲g̲♪ and **$6** for o̲u̲t̲b̲o̲u̲n̲d̲ ̲s̲h̲i̲p̲p̲i̲n̲g̲.↘ // **But** this will **increase** / to **$4** and **$8** each.↘ // Please **don't forget** to let **all** your own customers **know** / before they **order** our **products**.↘ //

바이탈 서플리먼트 사의 영업 직원들에게 회사의 서비스 요금이 바뀌었음을 알려 드립니다. 배달 인건비 상승 때문에 배송료가 약간 인상되었습니다. 현재 국내 배송에는 3달러, 해외 배송에는 6달러를 받고 있습니다. 하지만 이 요금은 각각 4달러, 8달러로 인상될 예정입니다. 고객들이 우리 제품을 주문하기 전에 이 사실을 알 수 있도록 하는 것을 잊지 마시기 바랍니다.

inform 알리다 **revise** 변경하다 **service charge** 서비스료 **principle** 원칙 **slightly** 약간 **deliverymen** 배달부 **inbound** 본국행의 **outbound** 외국행의

Question 2

Hello,↘ / you have **reached** the office of **Tom**;↘ // I will be **out of** my office starting on **Tuesday**,♪ / **October 18th.**↘ // And I will be **returning** on **Monday**,♪ / **October 24th.**↘ // You can **call** me when I return♪ or **leave** your n̲a̲m̲e̲ ̲a̲n̲d̲ ̲n̲u̲m̲b̲e̲r̲,↘ / then I will **call** you as **soon** as I **return**.↘ // If this is an **emergency**,♪ / I can be **reached** on my cell at **212-544-2578**.↘ //

안녕하세요. 톰의 사무실입니다. 저는 10월 18일 화요일부터 사무실을 비울 예정입니다. 그리고 10월 24일 월요일에 돌아올 예정입니다. 제가 돌아오면 전화 주시거나, 이름과 전화번호를 남겨 주세요. 그러면 돌아오는 대로 연락드리겠습니다. 긴급한 사안이라면 제 휴대폰 212-544-2578로 전화 주세요.

reach 연락하다 **emergency** 비상

Question 3

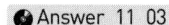

30초 준비 시간 활용하기

장소	outside
중심 대상	in the middle, three people, standing in line in front of a street vendor's cart, a man at the head of the line, wearing a hat, ordering food
주변 대상	a woman, in a leather jacket, with long black hair, carrying a bag
마무리	winter, all people, wearing warm clothes

45초 답변하기

This picture was taken outside. In the middle of the picture, three people are standing in line in front of a street vendor's cart. The man at the head of the line is wearing a hat and has a beard. He is ordering food at the counter. Behind him, a woman in a leather jacket with long black hair is carrying a bag on her right shoulder. [Level 7 추가 답안] The last man in the line is putting his hands in his pockets and looking straight ahead. He is wearing a bag across his shoulder. It appears to be winter because all the people in the picture are wearing warm clothes.

이 사진은 거리에서 찍혔습니다. 사진의 가운데에 세 사람이 거리 노점상 근처에 줄지어 서 있습니다. 줄의 앞에 있는 남자는 모자를 쓰고 있고 턱수염이 있습니다. 그는 카운터 너머로 음식을 주문하고 있습니다. 그 남자 뒤, 가죽점퍼를 입은 긴 검은 머리의 여자는 오른쪽 어깨에 가방을 메고 있습니다. 줄의 제일 끝의 남자는 주머니에 손을 넣고 앞을 똑바로 응시하고 있습니다. 그는 가방을 가로질러 메고 있습니다. 이 사진의 모든 사람들이 따뜻한 옷을 입고 있는 것으로 보아 겨울인 것 같습니다.

vendor 노점상 **beard** 턱수염 **crossed** 교차한

Questions 4-6

내레이션 시간 활용하기

주제: 향수

different kinds of perfume, collector, container, always bring it with me

Question 4

얼마나 자주 향수를 뿌리나요?

15초 답변하기

Every day I put on different kinds of perfume. I'm a perfume collector so I have a number of perfumes. [Level 7 추가 답안] Putting on different perfumes makes me feel fresh every day.

저는 매일 다른 향수를 뿌립니다. 저는 향수 수집가라서 많은 향수를 가지고 있습니다. 매일 다른 향수를 뿌리는 것은 저를 상쾌하게 해 줍니다.

collector 수집가

Question 5

향수를 누군가에게 줄 좋은 선물이라고 생각하나요?

15초 답변하기

In my opinion, perfume is a very nice present for someone. I believe everybody wants to have their own delicate scent. [Level 7 추가 답안] It makes them appear fashionable and gorgeous.

제 생각에 향수는 누군가를 위한 좋은 선물인 것 같습니다. 모두들 자신만의 특별한 향기를 원한다고 생각합니다. 향수는 그들을 패셔너블하거나 멋져 보이게 합니다.

Question 6

향수를 살 때 무엇을 고려하나요?

30초 답변하기

When I buy perfume, I always check the container. I put on perfume not only in my room in the morning but also anytime I want to. I always bring it with me. [Level 7 추가 답안] If it's too large or heavy, I can't carry it conveniently. So I prefer handy and non-fragile plastic containers for my perfumes.

향수를 살 때, 저는 항상 용기를 확인합니다. 저는 항수를 아침마다 방에서 뿌릴 뿐만 아니라, 원할 때마다 뿌립니다. 저는 항상 향수를 들고 다닙니다. 만약 향수 용기가 너무 크거나 무겁다면, 편하게 들고 다닐 수 없습니다. 그래서 저는 휴대성이 있고 깨지지 않는 플라스틱 용기를 선호합니다.

container 용기 **non-fragile** 깨지지 않는

Questions 7-9

🎧 Answer_11_07~09

30초 준비 시간 활용하기

멜버른 대학교 연례 문학 학회
2013년 9월 20일
스타우드 호텔 필립 회의장

❶ 기본 정보: 9월 호텔 회의장에서 열리는 문학회
❷ 시간: 9시~5시까지 개최
❸ 활동: 환영사, 초대 연설, 발표, 점심, 쓰기 교육, 화상 강의
❹ 발표자: 조지, 로즈, 켈리, 크리스틴, 일레인, 토니

시간	활동	발표자
9:00~9:30	환영사	조지 코너
9:40~10:40	초대 연설: 인터넷상의 저작권	로즈 퍼플
10:50~11:50	발표: 독자들이 원하는 것	켈리 라이트
12:00~1:00	점심	
1:00~2:20	쓰기 교육: 시 쓰는 법	크리스틴 포트
2:30~3:50	발표: 2013년 최고의 에세이	일레인 리
4:00~5:00	화상 강의: 소설 쓰기의 새로운 흐름	토니 로빈슨

Hello, my name is David Marshall and I'm interested in participating in the Melbourne University Annual Literary Society. Could you answer some questions about this event, please?

안녕하세요, 저는 데이비드 마셜이라고 합니다. 저는 멜버른 대학 연례 문학 학회 참가에 관심이 있습니다. 이 행사에 관한 몇 가지 질문에 대답해 주시겠습니까?

annual 해마다의 **copyright** 저작권

Question 7

When and where will the literary society be held?

언제, 어디서 문학 학회가 열립니까?

15초 답변하기

The event will be held on September 20th at the Phillip Conference Hall in the Starwood Hotel. [Level 7 추가 답안] It will start with a welcome speech at 9 a.m.

행사는 9월 20일에 스타우드 호텔의 필립 회의장에서 열립니다. 행사는 오전 9시에 환영사로 시작합니다.

Question 8

I heard that Tony Robinson will give a lecture on how to write a poem. Is that right?

저는 토니 로빈슨 씨가 시를 쓰는 법에 대한 강의를 하신다고 들었습니다. 맞습니까?

15초 답변하기

I'm sorry, but you are mistaken. He will give a lecture about a new stream of novel writing via video link. [Level 7 추가 답안] It will last for an hour from 4 p.m. to 5 p.m.

죄송하지만 잘못 알고 계십니다. 그는 화상 연결로 소설 쓰기의 새로운 흐름에 대해 강의할 것입니다. 강의는 4시부터 5시까지 1시간 동안 진행될 것입니다.

Question 9

I think I will probably stay for only the afternoon events. Could you tell me what morning events I would be missing?

저는 오후 행사만 참석할 수 있을 것 같습니다. 어떤 오전 행사를 놓치게 되는지 알려 주시겠습니까?

30초 답변하기

You will miss three events scheduled from 9 to 11:50 a.m. The first one is a welcome speech by George Corner. The second one is a guest speaking on copyright on the Internet and the speaker is Rose Purple. Finally, you will miss a presentation given by Kelly Light. She will talk about the needs of readers. [Level 7 추가 답안] However, you can attend the three lectures after lunch, training to write a poem, a presentation on the best essays of 2013, and a video lecture about writing novels from 1 p.m. to 5 p.m.

귀하는 오전 9시에서 11시 50분까지 예정된 이벤트 3개를 놓치실 것 같습니다. 첫 번째는 조지 코너 씨의 환영 연설입니다. 두 번째는 인터넷 저작권에 대한 초대 연설인데 강연자는 로즈 퍼플 씨입니다. 마지막으로 켈리

라이트 씨의 발표입니다. 독자들이 원하는 것에 대해 말씀하십니다. 그러나 점심 이후 1시부터 5시까지 시 쓰기 교육, 2013년 최고의 에세이 발표, 소설 쓰기 화상 강의는 참석하실 수 있습니다.

Question 10

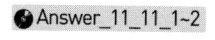

Hello, this is Randy Huston from the Sales. I was told that our company would begin renovating this office building next month. I also understand that the staff lounge on the fifth floor will be improved for employees' convenience. I am calling because you're in the Administration Department. Every time I go to the lounge for lunch, employees are waiting in line to buy coffee from the vending machine. The problem is that most of us don't have enough time to wait in line because there is only one vending machine. This is inconvenient and a waste of time. So please let me know what you will do to improve the lounge. Thank you.

안녕하세요. 영업부의 랜디 휴스톤입니다. 우리 회사가 다음 달에 사옥 리모델링을 시작할 계획이라고 들었습니다. 또한 5층의 직원 휴게실도 직원들의 편의를 위해 바뀔 것이라고 들었습니다. 그래서 총무부 소속의 당신께 전화드립니다. 점심시간에 휴게실에 갈 때마다 직원들이 항상 자판기에서 커피를 사려고 줄을 서서 기다리고 있습니다. 문제는 자판기가 하나뿐이어서 직원 대부분이 줄을 서서 기다릴 충분한 시간이 없다는 겁니다. 정말 불편하고 시간 낭비입니다. 그래서 휴게실을 개선하기 위해 어떻게 할 것인지 알려 주시면 좋겠습니다. 감사합니다.

renovate 개조하다

30초 준비 시간 활용하기

전화 건 사람	Randy Huston from the Sales
나의 신분	employee of the Administration Department
문제점	only one vending machine
요구 사항	what you will do to improve the lounge
해결책	install two more vending machines
추가 설명	have time to chat with other coworkers in the new staff lounge

60초 답변하기

Hello, Mr. Huston, this is Margaret returning your call. I received your message stating employees spend too much time waiting to buy coffee in the lounge during lunch because there is only one coffee vending machine. They then don't have time to enjoy their break. I understand you want me to do something to improve the lounge. You don't need to worry. I have already come up with a solution. I will ask the administration manager to install two more vending machines for coffee. This way, employees won't have to wait in line to enjoy a cup of coffee and they will have time to chat with other coworkers in the new staff lounge. [Level 7 추가 답안] Otherwise, I will install a coffee machine. I think most of employees love to drink coffee rather than any other drinks. If they can use a coffee machine, they can enjoy fresh coffee any time. When it comes to the flavor of coffee, I think coffee machine, exactly espresso machine, is good for them. If you want to discuss this further, please feel free to call me at extension 123.

안녕하세요, 휴스턴 씨. 마거릿입니다. 점심시간에 휴게실에서 직원들이 커피를 사려고 너무 많은 시간을 낭비하고 있는데, 그 이유가 그곳에 커피 자판기가 한 대밖에 없어서 그렇다는 당신의 메시지를 받았습니다. 그래서 직원들이 쉴 시간이 없다는 것도요. 휴게실을 개선하기 위해 제가 무엇인가 하길 바란다는 것 잘 알았습니다. 이 문제에 대해 크게 걱정하지 않으셔도 됩니다. 이미 해결책을 하나 생각해 냈습니다. 제가 총무부 부장님께 커피 자판기를 두 대 더 놓아 달라고 말씀드릴 겁니다. 이렇게 하면 직원들은 커피를 즐기기 위해 줄 서서 기다릴 필요가 없을 테고 새로운 직원 휴게실에서 동료들과 담소를 나눌 시간도 생길 것입니다. 그렇지 않으면, 커피 머신을 설치할 것입니다. 대부분의 직원들이 다른 음료수보다 커피를 좋아하는 것 같습니다. 커피 머신을 이용한다면, 언제든지 신선한 커피를 즐길 수 있습니다. 커피의 풍미를 생각했을 때 커피 머신, 특히 에스프레소 머신이 좋을 것 같습니다. 더 논의하고 싶으시면 내선번호 123번으로 연락 주세요.

state 언급하다 **chat with** ~와 담소를 나누다 **coworker** 동료 **when it comes to** ~에 관한 한

Question 11

다음과 같은 말에 찬성합니까, 찬성하지 않습니까? "요즘 더 많은 사람들이 종이책보다 전자책을 읽습니다. 그래서 어떤 사람들은 종이책이 가까운 미래에 사라질 거라고 말합니다." 당신의 의견을 뒷받침하는 구체적인 이유나 예를 들어 주세요.

15초 준비 시간 활용하기

의견	disagree
이유	Many people still prefer to read the printed book.
설명/예시	For the elderly, it would become another technical barrier.

60초 답변하기

I think there are more disadvantages to reading an electronic book(e-book) than advantages compared to a printed book. First and foremost, many people still prefer to read the printed book since the e-book is difficult to control. In many cases, we need to learn how to use an e-book properly. In particular, for the elderly who normally have difficulty using high-tech devices, it would become another technical barrier in terms of reading. [Level 7 추가 답안] Secondly, the e-book tends toward distraction. The devices we use to read our e-books rarely have the sole function of reading and are starting to include other features such as gaming and web surfing. As we use multiple functions simultaneously, we run out of battery faster. As a result, another disadvantage is waiting to recharge when a battery is gone. That's why I insist that reading a printed book is better than an electronic book.

저는 전자책을 읽는 것이 종이책을 읽는 것보다 단점이 더 많다고 생각합니다. 다른 무엇보다 아직도 많은 사람들이 종이책 읽는 것을 좋아합니다. 전자책은 다루기 어렵기 때문입니다. 많은 경우, 우리는 그것을 어떻게 사용하는지 배워야 합니다. 특히, 신기술을 다루기 어려워하는 노년층에게는 독서의 또 다른 기술적 장벽이 될 것입니다. 둘째로, 전자책은 집중을 방해합니다. 우리가 책을 읽기 위해 사용하는 기기들은 단일 기능을 가진 경우는 거의 없습니다. 좀 더 정확히 말하자면, 책 읽기 말고도 게임이나 검색과 같은 기능을 가지고 있습니다. 다양한 기능을 한꺼번에 사용함으로써 배터리를 더 빨리 사용하게 될 것입니다. 그 결과 배터리를 충전하기 위해 기다려야 한다는 또 다른 단점까지 생깁니다. 이러한 이유로 저는 종이책을 읽는 것이 전자책보다 더 낫다고 주장하는 것입니다.

disadvantage 불리한 점 **electronic book** 전자책 **printed book** 종이책 **first and foremost** 다른 무엇보다도 **barrier** 장애물 **in terms of** ~면에서 **distraction** 집중을 방해하는 것 **function** 기능 **multiple** 다수의 **simultaneously** 동시에 **run out of** ~을 다 써버리다 **recharge** 충전하다

15초 준비 시간 활용하기

의견	agree
이유	The electronic book is very convenient to carry.
설명/ 예시	I just download e-books through the Internet and put them on my one electronic gadget.

60초 답변하기

I totally agree that the printed book will disappear in the near future. There are several reasons to support my opinion. The first reason is that the electronic book is very convenient to carry. Notably, I do not need to carry a lot of printed books at once in my bag. It never gives me a stiff shoulder because of a heavy bag. I just download e-books through the Internet and put them on my one electronic gadget. [Level 7 추가 답안] The second reason is that the electronic book provides a lot of functions like gaming, browsing and searching. I can use it for many purposes. Not all e-book devices but most gadgets can connect to the Internet. Internet access allows me to use lots of functions while I'm reading a book. So, I can say the printed book will disappear in the near future definitely.

저는 종이책이 가까운 미래에 사라질 것이라는 것에 동의합니다. 저의 의견을 뒷받침할 여러 가지 이유들이 있습니다. 첫 번째 이유는 전자책은 들고 다니기 매우 편리하다는 것입니다. 특히, 가방에 많은 책을 한 번에 들고 다닐 필요가 없다는 것입니다. 무거운 가방 때문에 어깨가 결릴 일이 절대 없습니다. 저는 인터넷으로 전자책을 다운받기만 하면 되고 그것들을 전자 기기에 담으면 됩니다. 두 번째 이유는 전자책은 게임이나 브라우징, 검색 등의 기능을 제공합니다. 저는 이것을 여러 가지 용도로 사용할 수 있습니다. 모든 전자책 기기들은 아니지만 대부분의 기기들은 인터넷에 연결됩니다. 인터넷 접속은 제가 책을 읽으면서도 여러 가지 기능을 활용할 수 있도록 해 줍니다. 그래서 저는 종이책이 가까운 미래에 사라질 것이라고 분명히 말할 수 있습니다.

notably 특히 **stiff** 뻐근한 **gadget** 장치

Actual Test 12

→ 문제지 P87

Questions 1-2

🔊 Answer_12_01~02

↗ 올려 읽기, ↘ 내려 읽기, / 끊어 읽기,
볼드체 강조하기, ‿ 연음, ▓ 강세

Question 1

US Airline has recently invested **more than $500 million** / to **enhance** our customers' flying experience.↘ // We **plan** to **roll** out more flat-bed seats / in our US Global↗ and Travel First cabins.↘ // In addition,↗ / we will be **adding Wi-Fi** to more than **200 Boeing 717**↗ and **747** aircraft / as **well** as expanding **Economy Plus** across the **entire** mainline fleet.↘ //

유에스 항공은 최근 고객들의 비행 경험을 향상시키기 위해 5억 달러 이상 투자했습니다. 저희는 평평하게 펴지는 평상형 좌석을 유에스 글로벌과 트래블 퍼스트 객실에 놓을 계획입니다. 게다가 저희는 보잉 717과 747 비행기 200대 이상에 와이파이 서비스를 추가할 예정입니다. 이 서비스는 전체 주력 비행기를 통틀어 이코노미 플러스석까지 확대될 예정입니다.

roll out 펴다 **cabin** 객실 **mainline** 주요한 **fleet** 비행대

Question 2

Make your job search **easier**.↘ // Get the job recommendations from **Career Builder**!↘ // Our patent-pending job matching technology / targets jobs that match **keywords** in your **résumé**, / the jobs you view and **ultimately** the **jobs** you **apply** for.↘ // The **more** you use **Careerbuilder.com**,↗ / the **better** the **job** matches become.↘ //

구직 활동을 좀 더 쉽게 만들어 보세요. 커리어 빌더에서 추천서를 받아 보세요! 저희가 특허 출원 중인 일자리 매치 기술은 여러분의 이력서에 있는 주요 단어에 어울리는 직업을 맞춰 드립니다. 여러분이 보는 일자리와 궁극적으로 지원하려 하는 일자리 모두죠. Careerbuilder.com을 더 자주 이용하실수록, 여러분은 더 적합한 직업을 찾으실 수 있습니다.

recommendation 추천서 **patent-pending** 특허 출원 중인 **ultimately** 궁극적으로

Question 3

🔊 Answer_12_03

30초 준비 시간 활용하기

장소	bus stop
중심 대상	a group of people, standing near a bus, get on the bus, wearing suits, look like office workers, talking with other people, carrying bags on their shoulders
주변 대상	background, front door, open, street light
마무리	evening, street lamp, people, going home after work

45초 답변하기

This picture appears to have been taken at a bus stop. The first thing I notice is a group of people standing near a bus. I think most of them are about to get on the bus. They are wearing suits, so they look like office workers. I can see some are talking with each other and others are carrying bags on their shoulders. [Level 7 추가 답안] On the right side of the picture, a woman in a padded jumper is wearing two bags across her shoulder. I think she is putting her hands in her pockets. In the background, the front door of the bus is open. Behind it, there is a street light. I can see that it is evening, because the street lamp is on and it appears the people are going home after work.

이 사진은 버스 정류장에서 찍은 것 같습니다. 가장 먼저 눈에 들어오는 것은 버스 근처에 있는 한 무리의 사람들입니다. 대부분이 버스에 타려고 하는 것 같습니다. 그들은 양복을 입고 있어서 직장인으로 보입니다. 몇몇 사람들은 다른 이들과 말하고 있고, 또 다른 사람들은 가방을 메고 있습니다. 사진의 오른쪽에 패딩 점퍼를 입은 여자는 두 개의 가방을 가로질러 메고 있습니다. 그녀는 손을 주머니에 넣은 것 같습니다. 배경으로 버스가 서 있고 앞문은 열려 있습니다. 버스 뒤에는 가로등 하나가 있습니다. 가로등이 켜져 있고 사람들이 퇴근 후 집에 가는 것으로 보아 저녁인 것 같습니다.

get on ~에 타다 **suit** 정장 **padded** 속을 채워 넣은 **street light** 가로등 **appear** ~인 것 같다

Questions 4-6

Answer_12_04~06

내레이션 시간 활용하기

주제: 회의

meeting room, agenda, formal suit, seriously

Question 4
최근에 회의에 참석한 것이 언제인가요?

15초 답변하기

The last time I attended a meeting was last Monday. It was held in a main meeting room. [Level 7 추가 답안] As our company launched new hair care products recently, we built sales strategies with our team members.

최근에 회의에 참석한 것은 지난 월요일입니다. 회의는 중앙 회의실에서 열렸습니다. 저희 회사가 새로운 모발 제품을 출시했기 때문에 팀원들과 함께 영업 전략을 세웠습니다.

strategy 전략 **team member** 팀원

Question 5
회의 준비를 위해 보통 미리 무엇을 하나요?

15초 답변하기

I commonly prepare with an agenda, laptop, note and pen. During the meeting, I make notes on the agenda paper. [Level 7 추가 답안] And sometimes I look for something on the Internet on my laptop.

저는 주로 안건과 노트북, 노트, 펜을 준비합니다. 회의 중에 저는 의제 서류에 노트합니다. 때로는 노트북을 이용해 인터넷으로 무언가를 찾기도 합니다.

agenda 의제 **laptop** 노트북

Question 6
회의에 참석하기 위해 정장을 입어야 한다고 생각하나요?

30초 답변하기

I insist people need to wear formal suits to attend a meeting. I think a meeting is a place to share our structural and strategic ideas to reach better goals and performance. If we are in formal dress, it makes us take attending meetings more seriously. [Level 7 추가 답안] It means we have a more serious attitude toward the meeting. It leads us to concentrate on and create better ideas.

저는 사람들이 회의에 참석하기 위해서 정장을 입어야 한다고 주장합니다. 제 생각에 회의는 더 나은 목표와 성과를 달성하기 위해 구조적이고 전략적인 아이디어를 공유하는 장소입니다. 우리가 정장을 입는다면 회의 참석을 좀 더 진지하게 해 줄 것입니다. 즉, 회의에 대해 더 진지한 자세를 갖게 된다는 뜻입니다. 이는 집중하게 만들고 더 좋은 아이디어를 만들어 낼 것입니다.

formal 격식을 차린 **structural** 구조적인 **strategic** 전략적인 **performance** 성과 **attitude** 태도

Questions 7-9

Answer_12_07~09

30초 준비 시간 활용하기

사업을 시작하는 법
리치 카턴 호텔
2013년 8월 25일

❶ 기본 정보: 사업을 시작하는 법에 관한 행사를 8월에 호텔에서 개최

오전 8:00	참석자 등록
오전 8:45	환영 및 개회 행사
오전 9:00	'한 임원의 성공 스토리'에 관한 기조연설, 마이클 시걸
오전 10:00	휴식/ 전시 박람회
오전 10:30	'여러 가지 실패 사례 극복 방안'에 관한 총회
오후 12:00	점심
오후 12:30	'연구 결과 업데이트'에 관한 발표, 일리노이 주립 대학의 빌리 마이어 교수
오후 1:30	'사업 예산 계획 짜는 법'에 관한 발표, 호버드 대학의 루시 오웰 교수
오후 2:45	휴식/ 전시 박람회
오후 3:00	질의응답

❷ 시간: 8시부터 3시까지 점심을 기준으로 오전 5개, 오후 4개의 일정

❸ 내용: 등록으로 시작, 환영사, 기조연설, 두 번의 휴식, 총회, 점심, 두 번의 발표, 질의응답으로 끝 주제: 성공 스토리, 실패 극복 방안, 연구 결과 업데이트, 예산 계획

Hello, this is Arnold Pinch. I heard that there is going to be a seminar on how to start a business. I would like to participate in it, so could you answer a few questions about this seminar?

안녕하세요, 저는 아놀드 핀치입니다. 사업을 시작하는 법에 관한 세미나가 열릴 것이라고 들었습니다. 참가하고 싶은데, 이 세미나에 대한 질문 몇 가지에 대해 답해 주시겠습니까?

registration 등록 **keynote** 기조 **exhibition** 전시 **fair** 박람회 **plenary** 총회의

Question 7

When and where is the seminar going to be held?

세미나가 언제, 어디에서 개최됩니까?

15초 답변하기

The seminar is going to be held at the Rich Carton Hotel on August 25th. [Level 7 추가 답안] You have to register first at 8 a.m. to participate in the seminar.

세미나는 8월 25일 리치 카턴 호텔에서 개최됩니다. 세미나에 참석하시려면 오전 8시에 등록부터 하셔야 합니다.

be held 열리다 **register** 등록하다 **participate in** ~에 참가하다

Question 8

I heard that I should register for this seminar in advance. Is that right?

사전에 이 세미나에 등록해야 한다고 들었습니다. 맞습니까?

15초 답변하기

No, I'm sorry you have the wrong information. The registration of participants will begin at 8 a.m. on August 25th. [Level 7 추가 답안] You don't have to sign up for the seminar in advance.

아니요, 잘못 알고 계십니다. 참가자 등록은 8월 25일 오전 8시에 시작합니다. 사전에 이 세미나에 등록 신청을 하실 필요는 없습니다.

in advance 미리 **sign up for** ~을 신청하다

Question 9

Could you tell me about the presentations provided after lunch?

점심시간 후에 있는 발표에 대해 알려 주시겠습니까?

30초 답변하기

Two presentations will be given after lunch. First, the research update will be presented by Billy Meier, Professor at Illinois State University. This will start at 12:30 p.m. After that, from 1:30 to 2:45 p.m., you can participate in a presentation about how to do budget planning for business. [Level 7 추가 답안] This is led by Lucy Owell who is a professor at Horvard University.

점심시간 이후에 두 개의 발표가 있습니다. 첫 번째는 일리노이 주립 대학의 빌리 마이어 교수가 연구 결과 업데이트에 대해 발표할 것이고, 오후 12시 30분에 시작합니다. 그 후 오후 1시 30분부터 2시 45분까지 사업 예산 계획을 짜는 법에 대한 발표를 들으실 수 있습니다. 이 강연은 호바드 대학의 루시 오윌 교수에 의해 진행됩니다.

Question 10   Answer_12_10

Hello, this is George Richardson. I am calling you about the survey I am doing, as you are the manager of the Sales Department. You asked me to do research on the new accessories that will be released this upcoming season. So I emailed questionnaires to all our regular customers. I asked them to fill out the questionnaire and send it back to me. Actually, I expected that most of the customers would respond to the survey, but only about 40% of the questionnaires were returned. I need to collect enough data from our customers to make a presentation at the conference this Friday. Now I don't know what I should do. I was hoping you had some ideas for solving this problem. Please call me back as soon as possible. Thank you.

안녕하세요, 조지 리처드슨입니다. 제가 진행하고 있는 조사에 대해 영업부 부장님의 조언을 듣기 위해 전화 드렸습니다. 부장님께서 제게 다음 시즌에 출시할 새 액세서리에 대해 조사하라고 하셨지요. 그래서 저는 설문지를 저희 단골 고객 모두에게 보냈습니다. 저는 그분들에게 설문지를 작성하고 되돌려 주시길 부탁 했습니다. 사실 저는 그 고객들 중 대부분이 설문에 답해 줄 거라고 생각했는데, 설문지의 약 40%만이 되돌아 왔습니다. 저는 이번 금요일 회의에서 발표하기 위해서 고객들로부터 데이터를 충분히 모아야 합니다. 지금 무엇을 해야 할지 모르겠습니다. 부장님께서 이 문제를 해결할 수 있는 아이디어가 있으실 것 같습니다. 가능한 한 빨리 전화 주세요. 감사합니다.

release 출시하다 **questionnaire** 설문지

30초 준비 시간 활용하기

전화 건 사람	George Richardson
나의 신분	manager of the Sales Department
문제점	Only about 40% of the questionnaires were returned.
요구사항	some ideas for solving this problem
해결책	email questionnaires to them again attaching 10% discount coupons
추가 설명	People tend to pay more attention to a survey with rewards.

60초 답변하기

Hello, Mr. Richardson. This is Estelle returning your phone call. I just received your message and understand that you are having trouble with the survey on the new accessories. And the problem is that you can't get enough data from our customers, since they didn't complete your questionnaire and email it back to you. In this case, I suggest that you email questionnaires to them again. However, this time, attach 10% discount coupons to these emails. You know, most people tend to pay more attention to a survey if they know they will be rewarded for their responses with discount coupons. So I believe you can get more survey data from them. [Level 7 추가 답안] Otherwise, you can conduct a survey on the street, especially in Gangnam. As you know, Gangnam Boulevard is always filled with lots of people, so you can receive answers much easier. But if you need more time to fill them out, I can put off your meeting for a few more days. If you have any questions, you can reach me at 532-9785. Bye.

안녕하세요, 리처드슨 씨. 에스텔입니다. 당신의 메시지 받았고, 새 액세서리에 대한 조사로 고생하고 있다는 것을 알았습니다. 그리고 문제는 고객들이 설문을 작성해서 이메일을 보내 주지 않아서 충분한 데이터를 얻지 못했다는 것이고요. 이 경우, 저는 다시 그들에게 설문지를 이메일로 보내는 것을 제안하고 싶군요. 이번에는 10% 할인 쿠폰을 이메일에 첨부하세요. 대부분의 사람들이 대답에 대한 보상이 할인 쿠폰이라고 하면 설문 조사에 더 관심을 가지는 경향이 있지 않습니까. 그래서 그들로부터 더 많은 조사 자료를 얻을 수 있을 것 같네요. 그렇지 않으면, 설문 조사를 거리 특히, 강남 거리에서 해 볼 수 있을 것 같습니다. 아시겠지만 강남은 항상 사람들로 붐비기 때문에 많은 사람들로부터 답변을 얻어내기가 더 쉬울 것 같습니다. 또한 시간상으로

여유가 더 필요하다면 회의 날짜를 좀 연기해 줄 수 있습니다. 그밖에 궁금한 것이 있다면 532-9785로 전화 주세요. 잘 있어요.

boulevard 대로 **put off** 연기하다

Question 11

당신은 사업의 성공에 무엇이 가장 중요한 요소라 생각하나요? 고객 서비스, 기술, 자본. 당신의 의견을 뒷받침할 수 있는 구체적인 이유나 예를 들어 주세요.

15초 준비 시간 활용하기

의견	capital
이유	I will make advertisements on TV, radio and the Internet to introduce my company to the public.
설명/ 예시	This will lead to greater customer recognition and more sales.

60초 답변하기

I think the most important factor to succeed in my business is capital to run a company. First of all, if I start a business with enough funds, I might invest in advertising first. I will make advertisements on TV, radio and the Internet to introduce my company to the public. Then my company might be well known to them. This will lead to greater customer recognition and more sales. [Level 7 추가 답안] Secondly, I can run my business more smoothly if capital is plentiful. Even if sales decrease drastically, I can invest in the continuous training of current employees. Then they can improve their skills and catch up on new trends and adapt to fast changes in the market. This will help the company overcome hard times such as a recession. That's why I think capital is the most important factor for a business to succeed.

제 생각에 성공적인 사업을 하기 위해서는 자본이 가장 중요한 것 같습니다. 우선, 사업을 충분한 자금을 가지고 시작한다면, 저는 먼저 광고에 투자할 것입니다. 저는 회사를 널리 알릴 수 있도록 텔레비전과 라디오, 인터넷에 광고할 것입니다. 그러면 우리 회사는 사람들 사이에 잘 알려질 것이고, 더 많은 소비자가 알고 매출이 더 좋아질 것입니다. 둘째로, 자본이 풍부하다면 저는 회사를 안정적으로 운영해 나갈 수 있을 것입니다. 매출이 급격히 떨어지더라도, 현재 직원들의 교육에 꾸준히 투자할 수 있을 것입니다. 그러면, 직원들은 기술력을 높

이고 새로운 트렌드를 따라잡아 시장 변화에 잘 적응할 것입니다. 이것은 아마도 불황을 이겨나갈 수 있는 큰 원동력이 될 것입니다. 이것이 제가 성공적인 사업을 하기 위해서는 자본이 가장 중요하다고 하는 이유입니다.

capital 자본금 **public** 대중 **recognition** 인식 **plentiful** 풍부한 **drastically** 급격히 **catch up on** ~을 따라잡다 **adapt** 적응하다 **recession** 불경기

15초 준비 시간 활용하기

의견	customer service
이유	If my company offers quality and different services to customers, they will be satisfied with my company naturally, and they will become my company's regular customers.
설명/예시	Many companies try to offer different kinds of customer services like free parking, VIP lounges and membership programs.

60초 답변하기

The most important attribute to succeed in my business is customer service. There are some reasons to support my opinion. If my company offers quality and different services to customers, they will be satisfied with my company naturally, and they will become my company's regular customers. In addition, the company can expect stable income from them. That's why many companies try to offer different kinds of customer services like free parking, VIP lounges and membership programs. [Level 7 추가 답안] Additionally, when a company offers a lot of services to customers and treats them like guests, they are fully trusted. They tend to be favorable to the company's products and services, and it makes them recommend them to their friends and families. As a result, a company can expect a number of new customers linked to them. That's why I have to **emphasize customer service rather than any other factors.**

사업에서 성공하기 위해서 가장 중요한 요소는 고객 서비스입니다. 제 의견을 뒷받침할 몇 가지 이유가 있습니다. 회사가 질 좋고 차별화된 서비스를 고객에게 제공한다면, 고객은 자연스럽게 회사에 만족하게 될 것이고, 단골이 될 것입니다. 게다가 회사는 그들로부터 안정적인 수입을 기대할 수 있을 것입니다. 이러한 이유에서 많은 회사가 무료 주차와 우수 고객 휴식 공간, 회원제 등의 여러 가지 차별화된 서비스를 제공하려 노력하는 것입니다. 더구나, 회사가 고객들에게 많은 서비스를 제공하고 그들을 귀빈처럼 대우한다면, 그들은 회사를 온전히 신뢰하게 됩니다. 그들은 회사의 물건과 서비스에 호의를 가지게 되고 자기 친구나 가족들에게 추천하게 됩니다. 결과적으로, 회사는 고객과 연결된 많은 새로운 고객들을 기대할 수 있습니다. 이러한 이유에서 저는 다른 어느 요소들보다 고객 서비스를 강조하는 것입니다.

linked to ~와 관련된

15초 준비 시간 활용하기

의견	technology
이유	The number of new technologies can indicate how much effort the company has invested in innovation.
설명/예시	The company can draw lots of customers with these products.

60초 답변하기

I think the most important element to succeed in my business is technology. The first reason is that the number of new technologies a company develops can indicate how much effort the company has invested in innovation. As a company develops lots of advanced technology, it can make innovative products. The company can draw lots of customers with these products. Consequently, the company can become the leading company in its field. [Level 7 추가 답안] Secondly, a company with competitive advantages can benefit from more opportunities in many situations. A good example is Internet technology. The company can take advantage of Internet technology to hold international conferences and offer all employees telecommuting. These technologies make working conditions more convenient. **Based on this reason, the most important factor to succeed in my business is technology.**

제 생각에 사업에서 성공하기 위한 중요한 요소는 기술인 것 같습니다. 첫 번째 이유는 회사가 개발한 기술력의 수는 회사가 혁신에 얼마나 많은 노력을 투자했느냐를 보여 줄 수 있습니다. 많은 진보된 기술을 개발할수록 회사는 혁신적인 제품을 만들 수 있게 됩니다. 회사는 이러한 제품들로 많은 고객을 끌어들일 수 있습니다. 결과적으로, 회사는 그 분야의 선도 기업이 될 수 있습니다. 둘째로, 경쟁력을 갖춘 회사는 많은 상황에서 더 많은 기회를 활용하게 될 것입니다. 좋은 예는 인터넷 기술입니다. 회사는 국제회의를 열고 직원들에게 재택근무를 제공하는 데 인터넷 기술을 이용할 수 있습니다. 이러한 기술들은 직원들이 더욱 편리하게 일하도록 해 줍니다. 이러한 이유에서 사업에 성공하기 위한 가장 중요한 요소는 기술입니다.

indicate 나타내다 **innovation** 혁신 **telecommuting** 재택근무

Actual Test 13

⇨ 문제지 P94

Questions 1-2

🎧 Answer_13_01~02

↗ 올려 읽기, ↘ 내려 읽기, / 끊어 읽기,
볼드체 강조하기, ⌒ 연음, ▨ 강세

Question 1

Priceline is the **only** place↘ / where you can **shop**↗ and **compare** from over **165,000** hotels around the **world**.↘ // You can **select** your exact hotel and price.↘ // View **thousands** of hotel reviews submitted by **customers** just like you↗ / who want to **get** a **top** quality hotel stay / at a discount price.↘ // You can be sure you're **getting** the **lowest** rate / at top-notch hotels.↘ //

프라이스라인은 전 세계 16만 5천 개의 호텔들을 비교하고 쇼핑할 수 있는 유일한 공간입니다. 여러분은 정확한 호텔과 가격을 고르실 수 있습니다. 저렴한 가격으로 좋은 호텔에서 머물고 싶어 하는 여러분과 같은 고객들이 올린 수천 개의 호텔 후기를 확인하세요. 가장 저렴한 가격에 최고의 호텔을 찾을 수 있다고 확신하실 겁니다.

review 논평 **submit** 제출하다 **top-notch** 최고의

Question 2

Global Vision is **looking** for the qualified candidates to **fill** in the following positions:↘ / **agriculture trainer** in **Bangkok**,↗ / **finance officer** in **Hong Kong**,↗ / and **livestock trainer** in **Shanghai**.↘ // For **details**, / please visit **www.brightglob.com**.↘ // The **deadline** for applications is **July 21, 2013**.↘ // Only the short-listed candidates will be **contacted**.↘ //

글로벌 비전은 다음의 직책에 오실 유능한 인재를 찾고 있습니다. 방콕의 농업 조교, 홍콩의 재무 관리, 상하이의 가축 조련사입니다. 자세한 내용은 www.brightglob.com을 방문하여 확인하시기 바랍니다. 지원 마감일은 2013년 7월 21일입니다. 선발 후보자들에게만 연락이 갈 것입니다.

qualified 자격이 있는 **candidate** 지원자 **agriculture** 농업 **livestock** 가축 **short-list** 선발 후보자 명단에 올리다

Question 3

🎧 Answer_13_03

30초 준비 시간 활용하기

장소	seashore
중심 대상	four people, sitting side by side, on beach chairs, three men, in swimming trunks, leaning against chairs, enjoying the sun, the man, wearing black swimming trunks, sitting, on the edge of his chair
주변 대상	foreground, three foot rests, bushes with some flowers
마무리	last summer, sunbath, with friends

45초 답변하기

This appears to be a picture of the seashore. Four people are sitting side by side on beach chairs. In the middle of the picture, three of them are in swimming trunks and leaning against chairs and enjoying the sun. The man wearing black swimming trunks with blond hair and a beard is sitting on the edge of his chair. One man is wearing sunglasses and reading a book. In the foreground, there are three empty footrests. [Level 7 추가 답안] Also, I can see bushes with some flowers around the people. This picture reminds me of last summer when I was sunbathing with my friends.

이 사진은 해변에서 찍힌 것 같습니다. 네 명의 사람이 해변용 의자에 나란히 앉아 있습니다. 사진 중앙에는 이들 중 세 명이 수영복을 입고 의자에 기대어 햇볕을 즐기고 있습니다. 검은색 수영복에 금발 머리와 턱수염을 기르고 있는 남자는 의자 끄트머리에 앉아 있습니다. 한 남자는 선글라스를 쓰고 책을 읽고 있습니다. 전경에는 세 개의 빈 발판이 있습니다. 또한 사람들 주위로 꽃이 좀 있는 덤불도 보입니다. 이 사진은 친구들과 일광욕을 하던 지난여름을 떠올리게 합니다.

seashore 해안 **side by side** 나란히 **lean** 기대다 **footrest** 발판 **sunbathe** 일광욕을 하다

Questions 4-6

Answer_13_04~06

내레이션 시간 활용하기

주제: 직업

marketing field, students' support center, high technology

Question 4

당신의 직업은 무엇인가요? 아니면 어떤 직업을 찾고 있나요?

15초 답변하기

Now, I am working as a waitress at Joe's Steak House but I am looking for a job with a large company in the marketing field. [Level 7 추가 답안] As I majored in Marketing, I want to build my career in the marketing field.

현재 저는 조의 스테이크 하우스에서 웨이트리스로 일하고 있습니다. 하지만 저는 마케팅 분야의 대기업에서 직업을 찾고 있습니다. 저는 마케팅을 전공했기 때문에 마케팅 분야에서 경력을 키우고 싶습니다.

Question 5

당신은 어디서 구인 정보를 얻나요?

15초 답변하기

As I am a university student, my university students' support center emails me every day with updates on new job openings. [Level 7 추가 답안] Sometimes when my friends and I gather, we share job opening information.

저는 대학생이기 때문에 학교 학생 지원 센터에서 제게 매일 새로운 구인 소식을 이메일로 보내 줍니다. 가끔 친구들과 모일 때, 우리는 구인 정보를 공유합니다.

Question 6

미래의 직업을 위해 학교에서 학생들에게 가르쳐야 하는 게 무엇이라고 생각하나요? 과학 지식, 다중 업무 처리 기술, 추진력

30초 답변하기

I think the most important skill schools should teach for job success is scientific knowledge. If I have background knowledge of science, I can easily follow the fast changes in high technology. I can easily understand the complicated definitions of technology. [Level 7 추가 답안] Additionally, as the workplace is increasingly going digital, scientific knowledge helps me use technology better. This is why I think schools should teach scientific knowledge to help their students succeed in their careers.

저는 직업적 성공을 위해 학교에서 가르쳐야 할 가장 중요한 기술은 과학 지식이라고 생각합니다. 제가 과학적인 배경 지식이 있다면 저는 첨단 기술의 변화에 발 빠르게 대처할 수 있을 것입니다. 저는 기술의 복잡한 정의도 쉽게 이해할 것입니다. 더구나 직장이 점점 더 디지털화되고 있기 때문에 과학 지식은 제가 기술을 잘 이용하는 데에도 도움을 줄 것입니다. 이러한 이유로, 학생들의 경력에서의 성공을 위해 학교에서 과학적 지식을 교육해야 한다고 생각합니다.

definition 정의 **increasingly** 점점 더

Questions 7-9

Answer_13_07~09

30초 준비 시간 활용하기

엘리자베스 퀸즈 호텔

❶ 기본 정보: 호텔 객실 종류 안내
❷ 설명: 침대, 책상, 소파, 거실, 발코니, 자쿠지가 있음
❸ 요금: 객실 각각 108, 120, 289달러

객실	내용	요금*
스탠더드 트윈	싱글 침대 2개	108달러
더블 더블	더블 침대 2개, 책상, 소파	120달러
이그제큐티브 스위트	킹사이즈 침대 1개, 거실, 발코니, 자쿠지	289달러

서비스

인터넷 서비스	시간당 3달러, 하루 12달러
룸서비스	다양함, 손님의 주문에 따름
세탁 서비스	티셔츠와 셔츠는 8달러, 바지와 치마는 12달러

❹ 서비스: 인터넷, 룸, 세탁 서비스와 각 서비스의 가격 공지

* 엘리자베스 퀸즈 여행 클럽 회원은 15% 할인이 가능합니다.
* 회원증은 체크인할 때 프런트 데스크에 제시하셔야 합니다.

❺ 추가 정보: 회원은 15% 할인을 받을 수 있는데, 체크인 할 때 회원증 필요

Hello, this is Sandra Moore. I want to book a room online, but I cannot access the Internet because I have some problems with my computer. So I would like to ask you some questions about the room rates and services.

안녕하세요. 저는 샌드라 무어입니다. 온라인으로 방 예약을 하고 싶은데, 제 컴퓨터에 문제가 좀 있어서 인터넷 접속을 할 수 없습니다. 그래서 객실 요금과 서비스에 대하여 몇 가지 질문을 하고 싶습니다.

Question 7

Are there any rooms under $200 per night?

1박에 200달러 이하인 객실이 있나요?

15초 답변하기

We have two types of rooms under $200 per night. One of them is a standard twin room and the other is a double-double room. [Level 7 추가 답안] The former one is $108 and the latter one is $120.

1박에 200달러 이하인 객실은 두 종류가 있습니다. 그중 하나는 스탠더드 트윈룸이고, 또 하나는 더블 더블룸입니다. 전자는 108달러이고 후자는 120달러입니다.

former 전자 **latter** 후자

Question 8

If I remember correctly, all customers can get a discount off room rates at Elizabeth Queens Hotel. Is that right?

제가 제대로 기억하고 있다면, 모든 이용자들이 엘리자베스 퀸즈 호텔에 있는 객실 요금을 할인받을 수 있습니다. 맞나요?

15초 답변하기

Sorry, you are not right. Only Elizabeth Queens Travel club members can get a 15% discount. If you are a member, please show your membership pass to our staff at the front desk when you check in. [Level 7 추가 답안] Please don't forget to bring your membership pass.

죄송하지만 잘못 알고 계십니다. 엘리자베스 퀸즈 여행 클럽 회원들만 15% 할인을 받을 수 있습니다. 손님께서 회원이시라면 체크인하실 때 프런트 데스크에 있는 저희 직원에게 회원증을 보여 주세요. 회원증 가져오시는 것 잊지 마십시오.

Question 9

Could you please tell me what kinds of services you offer to customers?

손님들에게 어떤 서비스를 제공하는지 알려 주시겠어요?

30초 답변하기

There are three services we offer to all guests. Firstly, you can access the Internet in your room, but you will pay $3 per hour for it. Also, you can order room service, if you want. Finally, there is a laundry service. [Level 7 추가 답안] When you use these services, please check the fees.

저희는 모든 손님에게 세 가지 서비스를 제공하고 있습니다. 첫째로, 객실에서 인터넷에 접속을 할 수 있으며 한 시간에 3달러입니다. 또한, 원하시면 룸서비스를 시키실 수 있습니다. 마지막으로, 세탁 서비스가 있습니다. 이 세 가지 서비스를 이용하실 때, 꼭 요금을 확인해 주세요.

fee 요금

Question 10

Hello, this is your restaurant manager Danny. This month our restaurant is scheduled to accommodate the Science and Education Department from the local university, who is our longstanding patron. We have held this annual event for over 10 years. But the problem is they made a reservation for dinner with 50 attendees this year. The number of participants is double the usual number. I'm sure this huge number will cause some problems for the other customers in the restaurant at the same time. In spite of this, I really want to make this event successful. What should we do to make sure we don't inconvenience any other guests and to give our patrons full satisfaction this year, too? I don't know how to handle this problem. I look forward to hearing brilliant ideas from all you staff. Thank you.

안녕하세요. 식당 매니저 대니입니다. 이번 달 우리의 오랜 단골인 지역 대학의 과학교육과가 저희 식당을 이용하기로 되어 있습니다. 이 연례행사는 우리가 10년이 넘게 맡아 오고 있습니다. 그러나 문제는 그들이 올해 여는 저녁 식사로 50명을 예약했다는 것입니다. 참석자의 인원이 예년의 두 배입니다. 확신하건대, 이 많은 인원이 같은 시간대에 우리 식당을 이용하는 다른 고객들에게 다소 불편을 줄 수 있을 것 같습니다. 그럼에도 불구하고 저는 이번 행사를 성공적으로 진행하고 싶습니다. 다른 고객들에게 불편을 덜 끼치면서 올해에도 우리 단골들을 만족하게 하려면 어떻게 해야 할까요? 저는 이 문제를 어떻게 해결해야 할지 잘 모르겠습니다. 전 직원 여러분들의 참신한 아이디어를 기다리겠습니다. 감사합니다.

accommodate 공간을 제공하다 **longstanding** 오래된 **patron** 고객

30초 준비 시간 활용하기

전화 건 사람	Danny
나의 신분	staff
문제점	Since the number of participants is double the usual number, the event might cause other customers inconvenience.
요구 사항	look forward to hearing brilliant ideas
해결책	hold this event at the outdoor barbecue party hall
추가 설명	That place is spacious enough for 50 people.

60초 답변하기

Hello, Danny. This is Karen, a waitress at your restaurant. I heard your message and you told me that you have a concern about the number of participants from the Science and Education Department's upcoming event. Since they made a reservation with double the number than usual, the event might cause other customers inconvenience, right? I think you don't need to worry about that because we can hold this event in a different place. Why don't we use the outdoor barbecue party hall for this event? That place is spacious enough for 50 people. Additionally, as we usually hold a wedding reception there, a stereo system is already installed. So, they can use it to give a presentation. [Level 7 추가 답안] Otherwise, why don't we hire temporary workers for that day's event? If there are enough waiters and waitresses, they will serve dishes to all diners at the same time without customers complaining. It means the more employees are working together, the less complaints we will have. I hope we will provide them with great catering service. If you have further questions about my suggestion please feel free to call me anytime.

안녕하세요, 대니. 저는 식당의 웨이트리스 카렌입니다. 당신의 메시지 들었고 저희가 다가오는 과학교육과 행사의 참석 인원수로 문제가 있다는 것을 이해했습니다. 그들은 평상시보다 두 배 많은 인원이 예약했기 때문에, 그 행사가 다른 손님들에게 불편을 끼칠 수 있다는 말씀이시죠? 제 생각에 이 행사를 다른 곳에서 열면 별로 걱정할 문제는 아닌 것 같습니다. 이번 행사에 실외 바비큐 파티 홀을 사용하는 것은 어떻습니까? 그곳은 50명을 수용할 만큼 공간이 넓습니다. 또한, 우리가 결혼 피로연을 주로 여는 곳이기에 스테레오 시스템이 이미 설치되어 있습니다. 그래서 참석자들이 발표에 이용할 수 있습니다. 그렇지 않으면, 그날 이벤트를 위해 임시 직원을 고용하는 것은 어떨까요? 웨이터나 웨이트리스가 충분하다면, 우리는 음식을 동시에 모든 손님에게 불만 없이 제공할 수 있을 것입니다. 더 많은 직원이 있을수록, 고객들의 불만은 줄어들 것입니다. 우리가 그들에게 훌륭한 음식 서비스를 제공하길 희망합니다. 제 제안에 대해 다른 문의 사항이 있으시면, 언제든지 전화주세요.

spacious 널찍한 **reception** 연회 **temporary** 임시의

Question 11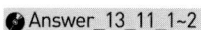

당신은 영업 사원으로 일하는 것과 사무직으로 일하는 것 중 어느 것을 더 선호하나요? 당신의 의견을 뒷받침할 수 있는 구체적인 이유나 예를 들어 주세요.

15초 준비 시간 활용하기

의견	salesperson
이유	Salesmen are paid based on their sales figures.
설명/예시	As they sell more products, they can earn a better salary.

60초 답변하기

I want to work as a salesperson rather than working in an office. First of all, I think there is a greater financial reward. Salesmen are paid based on their sales figures every month. It means that as they sell more products, they can earn a better salary plus incentives. It would motivate me to dedicate myself, knowing that my earning potential is in my control. More effort would lead to better compensation, and knowing this, I will be able to work with minimal stress and fatigue. [Level 7 추가 답안] Secondly, I like having conversations and connections with lots of people. To sell products, I have to go out and meet various clients. Even though it is work, I never feel that sense of "I'm working now." I might get to make good memories and learn someone's know-how through these interactions. In an office setting, I fear I might become bored, but I feel alive when I am meeting with people. **Based on these reasons, I want to go out and work as a salesperson.**

저는 영업 사원으로 일하는 것을 사무실에서 일하는 것보다 더 좋아합니다. 우선, 영업 사원에게는 더 좋은 재정적 보상이 주어지는 것 같습니다. 영업 사원은 매달 그들의 영업 실적에 따라 월급을 받습니다. 즉, 제품을 더 많이 팔면 팔수록, 그들은 성과급을 포함한 더 많은 월급을 받게 됩니다. 돈을 벌 가능성이 제 능력에 달렸기 때문에 더 헌신하게 만드는 원동력이 될 것입니다. 더 많은 노력은 더 나은 보상을 가져다주고, 이것을 안다는 것은 일하는 데 스트레스와 피로를 최소화시킬 수 있다는 것입니다. 둘째로, 저는 많은 사람과 대화하고 소통하는 것을 좋아합니다. 물건을 팔기 위해서 저는 밖으로 나가 다양한 고객들을 만나야 합니다. 비록 이것은 일이지만, 저는 절대로 '나는 일을 하는 거야'라고 생각하지 않습니다. 이러한 관계를 통해서 저는 노하우를 배우고 좋은 추억을 만들 수 있을 것입니다. 사무실이라는 공간에서 저는 지루함을 느끼는데, 사람을 만나면 살아 있음을 느낍니다. 이러한 이유로, 저는 밖에서 영업 사원으로 일하고 싶습니다.

reward 보상 **based on** ~에 근거하여 **sales figures** 매출액 **incentive** 성과급 **dedicate** 전념하다 **potential** 가능성 **fatigue** 피로 **interaction** 상호작용

15초 준비 시간 활용하기

의견	office worker
이유	I can build good relationships with my colleagues and managers in the office.
설명/ 예시	Networking in the company is another benefit of working in an office.

60초 답변하기

I want to work as an office worker. There are some reasons to support this decision. First, I can build good relationships with my colleagues and managers in the office. I don't think making money is the only objective of work. Having a good time with them and sharing happy times are also reasons to work. Networking in the company is another benefit of working in an office. [Level 7 추가 답안] Additionally, I don't need to consider the weather conditions every morning. Office workers spend a lot of time in the office not outdoors. No matter if it's rainy or snowy, they can work in a pleasant atmosphere. Walking in the rain and snow makes me irritated. **Therefore, I want to work as an office worker.**

저는 사무직으로 일하고 싶습니다. 제 의견을 뒷받침하는 몇 가지 이유가 있습니다. 첫째, 저는 제 동료나 관리자들과 사무실 안에서 좋은 관계를 만들 수 있습니다. 제 생각에 돈을 버는 것만이 일의 목적이 아닌 것 같습니다. 그들과 좋은 시간을 함께 하고 행복한 시간을 나누는 것 또한 일의 이유라고 생각합니다. 사무실 안에서 인맥을 쌓는 것이 사무실에서 일하는 또 다른 혜택이라고 생각합니다. 게다가 저는 매일 아침 날씨를 걱정할 필요가 없습니다. 사무직은 많은 시간을 밖이 아닌 사무실에서 보냅니다. 비가 오거나 눈이 와도 쾌적한 환경에서 일할 수 있습니다. 빗속이나 눈길을 걷는다는 것은 짜증이 나는 일입니다. 그러므로 저는 사무직으로 일하고 싶습니다.

objective 목적 **irritated** 짜증이 나는

Actual Test 14

→ 문제지 P101

Questions 1-2

🔊 Answer_14_01~02

↗ 올려 읽기, ↘ 내려 읽기, / 끊어 읽기,
볼드체 강조하기, ___ 연음, ▨ 강세

Question 1

Sitter canceled last night?↗ // **No** problem.↘ // With our **Care-on-Call** feature,↗ / it's **easy** to **find** trustworthy caregivers↗ and **contact** them in **seconds**.↘ / Mostcare.com not **only** gives you the **flexibility** to **find** a **caregiver** whose schedule fits yours,↗ / but also the **convenience** of **having** your **sitter** come to you.↘ //

아이를 봐 주는 사람이 지난밤 나타나지 않았나요? 문제없습니다. 저희 케어온콜 시스템만 있으면, 믿을 만한 돌보미를 찾아 연결하는 것은 쉬운 일입니다. Mostcare.com은 여러분의 일정에 맞는 돌보미를 찾아 드릴 뿐만 아니라, 돌보미가 오게 하는 편리함도 제공합니다.

sitter 아이를 봐 주는 사람 trustworthy 신뢰할 수 있는 caregiver 돌보는 사람 flexibility 유연성

Question 2

When you **embark** on a **European** voyage with **Ajar Club Cruises**,↗ / **romance** is ▨never▨ far away.↘ // It's **easy** to **explore** the history and culture of the most **beautiful destinations** in the **world**.↘ // Take a **relaxing trip** on a canal boat in **Amsterdam**,↗ / **soak** up some **sun** on the **beautiful beaches**,↗ / **get** a ▨closer▨ look at legendary Renaissance art in **Italy**.↘ //

아자르 클럽 크루즈와 함께 유럽 항해를 시작하셨다면, 로맨스는 절대 멀리 있지 않습니다. 전 세계에 있는 가장 아름다운 여행지의 역사와 문화를 탐험하는 것은 아주 쉬운 일이 됩니다. 암스테르담의 운하 보트에서 휴식을 취하고, 아름다운 해변에서 태양을 만끽하십시오. 이탈리아에서는 전설적인 르네상스 예술을 가까이 보시기 바랍니다.

embark 승선하다 voyage 항해 explore 탐험하다 destination 도착지 canal 운하 soak up ~을 흡수하다 legendary 전설적인

Question 3

🔊 Answer_14_03

30초 준비 시간 활용하기

장소	food court in a department store
중심 대상	many people, sitting at the tables, having meals with their friends or family, on the right side, woman, in black clothes, taking care of her baby, laying in the stroller
주변 대상	background, two people, walking along the hallway, some lights, hanging from the ceiling
마무리	at lunchtime, sunlight, coming from outside

45초 답변하기

This picture shows a scene at a food court in a department store. What I notice first is many people are sitting at the tables. I think most of them are having meals with their friends or family. On the right side of the picture, there is a woman in black clothes taking care of her baby next to her. The baby is laying in the stroller. In the background, two people are walking along the hallway. Also, some lights are hanging from the ceiling. Generally, it seems like customers are having something to eat at lunchtime because sunlight is coming from outside. [Level 7 추가 답안] On both sides of the picture, many tables and chairs are arranged.

이 사진은 백화점에 있는 푸드코트의 모습을 보여 줍니다. 먼저, 사람들이 많이 테이블에 앉아 있는 것이 눈에 띕니다. 대부분이 친구 또는 가족과 함께 식사하는 것 같습니다. 사진의 오른쪽에는 검은색 옷을 입은 여자가 옆에 있는 아기를 돌보고 있습니다. 아기는 유모차에 누워 있습니다. 배경에는 두 사람이 통로를 따라 걷고 있습니다. 또한, 조명이 천장에 매달려 있습니다. 전체적으로, 밖에서 햇볕이 들어오고 있는 것으로 보아 손님들이 점심시간에 음식을 먹고 있는 것 같습니다. 사진의 양쪽에 많은 테이블과 의자들이 정돈되어 있습니다.

stroller 유모차 hallway 복도 ceiling 천장

Questions 1-6

🎧 Answer_14_Q4~Q6

내레이션 시간 활용하기

주제: 휴가

sea, swimming, enjoy my trip fully with less stress

Question 4

주로 어디에서 휴가를 보내시나요?

15초 답변하기

I usually go to the sea for my vacation. At the sea, I can enjoy lots of water sports such as swimming, jet skiing and snorkeling. [Level 7 추가 답안] In addition, I enjoy sunbathing to get a bronze skin tone.

저는 주로 바다로 휴가를 떠납니다. 바다에서 저는 수영과 제트 스키, 스노클링과 같은 많은 해양 스포츠를 즐길 수 있습니다. 더구나, 저는 구릿빛 피부를 만들 수 있는 일광욕을 즐깁니다.

Question 5

여행을 떠날 때 가방을 몇 개 가지고 가나요?

15초 답변하기

When I take a trip, I usually carry one bag. If I put all my belongings in one bag, it is easy to find an item in the bag. [Level 7 추가 답안] Additionally, it gives me an empty hand to use freely during my journey so I can easily deal with tasks at the airport.

여행을 떠날 때 저는 주로 가방을 하나만 가지고 갑니다. 모든 짐을 가방 하나에 넣으면, 가방에서 물건을 찾기가 쉬워집니다. 또한, 여행 중에 한 손을 자유롭게 쓸 수 있어서 공항에서 많은 업무를 처리하기 쉬워집니다.

Question 6

여행 가이드에게 가이드를 맡기는 데 기꺼이 돈을 낼 건가요?

30초 답변하기

Yes, I am willing to pay for getting guidance from a travel guide. A travel guide is a specialist who is full of native information and tactics for traveling. He can help assist efforts to prepare for the trip and help me find travel spots. Then I can enjoy my trip fully with less stress. [Level 7 추가 답안] I know I have to pay for it, but I think it is worth buying their know-how. All of their help and skills might be of assistance in actual situations in local areas.

네, 저는 여행 가이드에게 가이드를 맡기는 데 기꺼이 돈을 낼 것입니다. 여행 가이드는 현지의 정보와 여행 전략이 풍부한 전문가입니다. 그는 제가 여행을 준비하는 수고로움을 덜어 줄 것이며, 관광 명소를 찾도록 도와 줄 것입니다. 그러면 저는 스트레스를 덜 받고 여행을 즐길 수 있을 것입니다. 돈을 내야 한다는 사실을 알고는 있지만 그들의 노하우를 사는 데 돈을 쓰는 것은 가치가 있다고 생각합니다. 그들의 모든 도움과 기술은 현지의 실제 상황에서 많은 도움이 될 것입니다.

tactics 전략

Questions 7-9

🎧 Answer_14_Q7~Q9

30초 준비 시간 활용하기

❶ 기본 정보: 인쇄 업체의 송장으로, 주문 날짜와 받는 날짜 명시

패스트 카피 프린팅 회사

- 주문일: 9월 12일
- 수령일: 9월 20일

❷ 물건: 브로슈어와 두 종류의 포스터 주문

❸ 종류: 흰색, 광택지, 색지 주문 인쇄 양면이나 단면으로

❺ 가격: 각 10, 30, 20달러 10% 할인받아 총 54달러

주문품	종류	인쇄	수량	가격 (달러)
브로슈어	흰 종이	양면	200	10
포스터	광택지	단면	500	30
포스터	색지(파란색)	단면	300	20
			1,000	60
			10% 할인	-6
			총액	54

❹ 추가 정보: 700장 이상 주문 시 10% 할인

❻ 주문량: 200, 500, 300장

• 700장 이상의 브로슈어나 포스터를 주문하시는 모든 고객은 총 금액의 10%를 할인받으실 수 있습니다.

Hello, this is Johanna Lee from Stirling Community Library. I ordered some brochures and posters from your company and I want to pay for my order. But I lost the invoice, I can't find it anywhere. Could you answer a few questions for me?

안녕하세요. 저는 스털링 지역 도서관의 요한나 리입니다. 저는 귀사에서 브로슈어와 포스터를 주문했고, 그 주문품에 대한 요금을 지불하고 싶습니다. 하지만 제가 송장을 잃어버려서, 도무지 찾을 수가 없습니다. 제 질문 몇 가지에 대답해 주시겠습니까?

glossy 광택이 있는 **invoice** 송장

Question 7

When can I pick up the brochures and posters that I ordered?

제가 주문한 브로슈어와 포스터를 언제 받을 수 있나요?

15초 답변하기

You can pick up your order on September 20th. [Level 7 추가 답안] Your order date was September 12th.

9월 20일에 주문하신 물건을 받으실 수 있습니다. 주문하신 날짜는 9월 12일입니다.

Question 8

I was told that there is a special discount for people who order more than $700. Is that correct?

700달러 이상 주문한 사람들을 위한 특별 할인이 있다고 들었습니다. 맞나요?

15초 답변하기

I'm afraid you have the wrong information. We offer a 10% discount only to people who order more than 700 posters or brochures. [Level 7 추가 답안] Since you ordered 1,000 posters and brochures, you can get a 10% discount off the total price.

잘못 알고 계신 것 같습니다. 저희는 700장 이상의 포스터나 브로슈어를 주문하신 분들께만 10% 할인해 드립니다. 손님께서는 천 장의 포스터와 브로슈어를 주문하셨기 때문에 전체 금액의 10%를 할인받으실 수 있습니다.

Question 9

Could you tell me what I ordered from your company?

제가 무엇을 주문했는지 알려 주시겠어요?

30초 답변하기

Let me check that for you. You ordered three items from us. The first is 200 brochures. Also, you purchased 500 posters made of glossy paper. Finally, 300 posters were bought and these posters are made of blue color paper. [Level 7 추가 답안] You have to pay $54 after getting 10% discount, $6 from $60.

확인해 드리겠습니다. 손님은 3개 품목을 주문하셨습니다. 첫 번째는 브로슈어 200장입니다. 또한, 광택이 있는 종이로 만들어진 포스터를 500장 구매하셨습니다. 마지막으로, 포스터 300장도 구매하셨는데, 파란색 종이로 만들어진 포스터입니다. 손님께서는 60달러에서 10%, 즉 6달러를 할인받으셔서, 54달러를 내시면 됩니다.

Question 10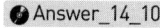

Hello, Jerry. This is Katrina. I'm on the way to Willington Hotel to attend the annual conference, but I'm in big trouble. I have a flat tire on the highway, and I'm going to be late for the conference. I think it will take about an hour to get there, although I have already called a towing service to come take me to the hotel. On top of all that, I am the first speaker at this important conference. So if my speech doesn't start on time, the meeting will be spoiled by my absence. You can understand this situation is very urgent, since you have helped me prepare for this speech from the beginning. As you are my colleague, I really need your advice. Thank you.

안녕, 제리. 나 카트리나야. 지금 연례 회의에 참석하기 위해 윌링턴 호텔로 가는 중인데 큰 문제가 생겼어. 고속도로에서 자동차 타이어에 펑크가 나서 회의에 늦을 거야. 이미 견인 업체에 전화해서 호텔로 데려다 달라고 했지만, 내 생각에는 그곳에 도착하는 데 한 시간 정도 걸릴 것 같아. 설상가상으로, 내가 이 중요한 회의의 첫 번째 연설자야. 그래서 제시간에 내 연설이 시작되지 않으면, 나 때문에 회의가 엉망이 될 거야. 얼마나 이 상황이 긴급한지 알 거야. 넌 처음부터 내 연설 준비를 도와주었으니 말이야. 너는 내 직장 동료이니 네 조언이 정말 필요해. 고마워.

flat tire 펑크가 난 타이어 **tow** 견인하다

30초 준비 시간 활용하기

전화 건 사람	Katrina
나의 신분	Jerry, colleague
문제점	have a flat tire on the highway
요구 사항	I really need your advice.
해결책	ask the person in charge of the conference to move your speech back
추가 설명	have more time to arrive for your speech

60초 답변하기

Hello, Katrina. This is Jerry. I received your message that you have a flat tire on the road and you are waiting for a tow truck to take your car. I understand you are in hot water. And since you are the first speaker, you are really worried that you are going to be an hour late for the conference. I think you don't need to worry about that because I can help you out. I will ask the person in charge of the conference to move your speech back. If I explain to him what happened to you, he might do something to help you. Therefore, you can have more time to arrive for your speech. [Level 7 추가 답안] At that time, I called the Highway Secure Team and asked for some aid. I am sure if you get emergency aid from them, you can arrive at the conference on time. Please hurry up and make the phone call. The number is 564-5873. If you need further assistance, don't hesitate to call me. See you soon. Bye.

안녕, 카트리나. 나 제리야. 도로에서 타이어에 펑크가 나서 견인차가 네 차를 가지러 오는 것을 기다리고 있다는 메시지 받았어. 네가 정말 곤경에 처한 상태라는 걸 알았어. 네가 첫 번째 연설자라서 회의에 한 시간 늦는 것을 심각하게 걱정하고 있구나. 내가 도와줄 수 있으니 걱정할 필요 없어. 회의 책임자에게 네 연설을 뒤로 미루어 달라고 부탁할게. 내가 그 사람한테 너한테 무슨 일이 일어났는지 설명하면, 너를 위해 도움이 될 만한 일을 해 줄지도 몰라. 그러면 너는 와서 연설을 준비할 시간을 더 벌 수 있을 거야. 그리고 동시에 고속도로 구조팀에 도움을 요청했어. 그들에게 긴급 지원을 받으면 회의에 정시에 도착할 수 있을 거야. 어서 빨리 전화해. 전화번호는 564-5873이야. 도움이 더 필요하면 주저하지 말고 전화해. 그럼 이따가 보자. 안녕.

in hot water 곤경에 처해서 **emergency aid** 긴급 지원

Question 11

요즘 아이들이 과거 아이들보다 국제적인 문제에 더 많은 관심을 두고 있다고 생각하나요? 왜 그렇게 생각하나요? 당신의 의견을 뒷받침할 수 있는 구체적인 이유나 예를 들어 주세요.

15초 준비 시간 활용하기

의견	agree
이유	We live in an era of globalization.
설명/예시	More and more trade and affiliations are taking place under countless contracts.

60초 답변하기

I agree that children today have more interest in international issues than in the past. Most of all, we live in an era of globalization. All countries connect via the Internet. Borders between countries seem to disappear. More and more trade and affiliations are taking place under countless contracts. National borders are becoming ambiguous. In this circumstance, children nowadays understand that international issues are naturally bound to domestic issues. [Level 7 추가 답안] Furthermore, I believe the worldwide web has accelerated the speed of globalization. Once children access the Internet, they can easily reach information about what's overseas. Even while they are playing Internet games or talking on SNS, they frequently encounter a foreign language. Learning or just being exposed to other languages helps them to have more interest in international issues. Based on this reason, I can strongly say that children today are more likely to have an interest in international issues.

저는 요즘 아이들이 과거 아이들보다 국제적인 문제에 더 많은 관심을 가지고 있다고 생각합니다. 무엇보다, 우리는 세계화된 시대에 살고 있습니다. 모든 나라는 인터넷으로 연결되어 있고, 국가 간의 경계는 사라진 것처럼 보입니다. 더욱더 많은 무역과 제휴가 셀 수 없는 계약 아래 이루어지고 있습니다. 국가 간의 장벽이 모호해지고 있습니다. 이러한 환경 속에서 아이들은 국제 문제가 자연스럽게 국내 문제와 엮여 있다는 것을 알고 있습니다. 더구나, 인터넷이 세계화를 가속화하고 있습니다. 아이들이 인터넷에 접속하기만 하면, 해외 정보에 손쉽게 접근할 수 있습니다. 심지어 그들이 인터넷 게임을 하고 소셜 네트워크 서비스로 이야기할 때도, 그들은 자주 외국어를 접합니다. 외국어를 배우거나 단순히 외국어에 노출만 되는 것도 그들이 국제적인 문제에 관심을 두는 데에 많은 도움을 줍니다. 이러한 이유로 저는 요즘 아이들이 과거의 아이들보다 국제적인 문제

에 더 많은 관심이 있다고 확실하게 말할 수 있습니다.

era 시대 **globalization** 세계화 **affiliation** 제휴 **countless** 셀 수 없이 많은 **ambiguous** 애매모호한 **accelerate** 가속화되다 **encounter** 만나다

15초 준비 시간 활용하기

의견   disagree

이유   Children have no time to play and do not even have enough time to study.

설명/예시   They cannot help but study all through the day.

60초 답변하기

I don't think that today children have more interest in international issues than children in the past for several reasons. First, children have no time to play and do not even have enough time to study. The competition to enter university is getting keen. They cannot help but study all through the day. As a result, they have no spare energy to think about international issues. [Level 7 추가 답안] Furthermore, there are so many entertainment activities attracting their attention. These days children are busy playing Internet games, watching TV or going outside to experience entertainment. It can not only make them addicted to Internet games and watching TV but also big fans of some celebrities. Naturally, they do not pay attention to international issues. Based on this reason, I think children don't have more interest in international issues than children in the past.

저는 몇 가지 이유로 요즘 아이들이 과거의 아이들에 비해 국제적인 문제에 더 많은 흥미를 느끼고 있다고 생각하지 않습니다. 첫째, 아이들은 놀 시간이 없고 심지어 공부하기에도 시간이 충분하지 않습니다. 대학에 들어가기 위한 경쟁이 더욱 심해지고 있습니다. 그들은 온종일 공부하는 수밖에 없습니다. 결과적으로 그들은 국제 문제에 대해 생각할 여력이 없습니다. 더욱이, 아이들을 유혹하는 오락 활동들이 매우 많습니다. 요즘 아이들은 인터넷 게임을 하거나 텔레비전을 보거나 오락거리를 경험하러 밖으로 나가기 바쁩니다. 그들은 인터넷 게임이나 텔레비전 시청에 중독될 뿐만 아니라, 연예인의 팬이 되기도 합니다. 자연스럽게 그들은 국제 문제에 관심을 두지 않게 됩니다. 이러한 이유로, 요즘 아이들은 과거의 아이들보다 국제적인 문제에 더 흥미를 두지 않는다고 생각합니다.

keen 치열한 **spare** 여분의 **addict** 중독되게 하다

Actual Test 15

⇒ 문제지 P108

Questions 1-2

🔊 Answer_15_01~02

♪ 올려 읽기, ↘ 내려 읽기, / 끊어 읽기, **볼드체** 강조하기, ___ 연음, ▨ 강세

Question 1

Not a member **yet**?♪ // Join **Mileage Plus**.↘ // **Begin** earning award miles for things you **do** every day.↘ // Members **ea**rn / award miles by **flying United**♪ / or **Star Alliance airlines** and by **purchasing products**♪ or **services** from a wide variety of partners worldwide.↘ // Members **u**se award miles for travel,♪ / hotel and car rental,♪ / **plus** everyday purchases and activities.↘ //

아직도 멤버가 아니신가요? 마일리지 플러스에 가입하세요. 당신이 매일 하는 것들을 위한 포상 마일리지를 받으세요. 회원분들은 유나이티드나 스타 얼라이언스 항공을 이용하는 것, 그리고 전 세계에 있는 다양한 협력사의 물건을 구매하거나 서비스를 이용하는 것으로 마일리지를 받으실 수 있습니다. 회원분들은 포상 마일리지를 여행, 호텔, 자동차 렌트, 그리고 일상적인 구매와 활동을 위해 사용하실 수 있습니다.

Question 2

This is the **download site** for sample résumés.↘ // **All** the résumés are **free** to use as models♪ for your own.↘ // **Please** select the file you **wish** to download♪ and the **se**rvice you wish to use.↘ // If you have **any** problems **accessing** the files♪ or **any** of the service links are **dead**,♪ **please** let us know at the **bottom** of the **page**.↘ //

이곳은 이력서 샘플을 다운받으실 수 있는 곳입니다. 모든 이력서를 무료로 다운받아 사용하실 수 있습니다. 다운받고 싶으신 파일과 사용하고 싶으신 서비스를 골라 주세요. 파일 접근에 문제가 있으시거나 서비스 연결에 문제가 있을 경우, 페이지 하단에 적힌 곳으로 연락 주세요.

Question 3

Answer_15_03

30초 준비 시간 활용하기

장소	stadium
중심 대상	in the background, people, posing, smiling, standing, human-size pictures, a boy, making a V sign, a man and little boy, big smiles
주변 대상	in the foreground, a man, wearing an orange jacket, looking at the kids, next to him, two women
마무리	atmosphere, cheerful

45초 답변하기

It appears to be a picture taken at a stadium. In the background of the picture, people are posing for a picture and smiling at the camera. They are standing in front of human-size pictures of basketball players. A boy, on the left side of the picture, is making a V sign with his fingers. On his left, a man and little boy have big smiles on their faces. In the foreground, a man wearing an orange jacket with a hood is looking at the kids. Next to him, there are two women. [Level 7 추가 답안] One of them in a blue sweater is taking a picture of the children and the other with long black hair is placing her hand on her waist. I think the atmosphere in this picture is cheerful.

경기장에서 찍힌 사진인 것 같습니다. 사진의 배경에 있는 사람들이 사진 촬영을 위해 포즈를 취하며 카메라를 향해 웃고 있습니다. 그들은 사람 크기의 농구 선수들 사진 앞에 서 있습니다. 사진의 왼쪽에 있는 소년이 손가락으로 브이 사인을 하고 있고, 그의 왼쪽에는 남자와 소년이 미소 짓고 있습니다. 앞쪽으로, 후드 달린 주황색 점퍼를 입고 있는 남자가 아이들을 보고 있습니다. 그의 옆에는 두 여자가 있습니다. 그들 중 파란색 스웨터를 입고 있는 여자는 아이들의 사진을 찍고 있습니다. 또 다른 긴 검은 머리의 여자는 허리에 손을 올리고 있습니다. 제 생각에 사진 속 분위기는 매우 신이 나 보입니다.

Questions 4-6

Answer_15_04~06

내레이션 시간 활용하기

주제: 고등학교

sci-fi books, fencing, friendship

Question 4

고등학교 시절에 어떤 종류의 책을 읽는 것을 좋아했나요?

15초 답변하기

I usually read sci-fi books during my school days. While I was reading those books, I could imagine many things. [Level 7 추가 답안] So my favorite subject was science during my high school days.

저는 학창 시절 주로 공상 과학 소설책을 읽었습니다. 그런 책을 읽는 동안 저는 많은 것을 상상할 수 있었습니다. 그래서 제가 고등학교 시절 가장 좋아하는 과목은 과학이었습니다.

sci-fi 공상 과학 소설

Question 5

당신의 고등학교는 어떤 운동으로 유명했나요?

15초 답변하기

Fencing made our high school famous. We had many famous fencers. [Level 7 추가 답안] However, I was interested in basketball. It was very good for my health and made me grow tall.

저희 고등학교는 펜싱으로 유명했습니다. 저희 학교에는 유명한 펜싱 선수가 많았습니다. 그러나 저는 농구에 관심이 있었습니다. 농구로 건강이 좋아졌고 키도 컸습니다.

Question 6

규모가 큰 고등학교와 작은 고등학교 중 어느 것을 더 선호하나요?

30초 답변하기

I prefer a small high school. I could have closer friendships in a small school. As the school has fewer students, we can make friends more easily. For this reason, small schools are a better choice for students. [Level 7 추가 답안] However, my school was very big. I had to study with different classmates every year. It was stressful to me.

저는 작은 규모의 고등학교를 선호합니다. 작은 학교에서 저는 더 가까운 교우 관계를 맺을 수 있습니다. 학교에 학생이 적기 때문에 친구를 더 쉽게 사귈 수 있습니다. 이러한 이유로, 작은 학교가 학생들에게 더 나은 선택입니다. 하지만 저희 학교는 컸습니다. 저는 매년 다른 학생들과 함께 공부했어야 했습니다. 이것은 제게 스트레스였습니다.

Questions 7-9

🔊 Answer_15_07~09

30초 준비 시간 활용하기

번개 배달 식료품 회사
301-372-3663
귀하의 주간 주문일과 배송일을
일정표에서 확인해 주세요.

❶ 기본 정보: 배달 지역, 안내지로 전화번호, 주문일과 배송 일정

배달 지역	주문일	배송일
프린스 조지스 카운티	월요일	수요일
찰스 카운티	월요일	수요일
워싱턴 D.C.	화요일	목요일
몽고메리 카운티	수요일	금요일

❷ 배송 지역: 세 곳의 카운티와 워싱턴 D.C.
❸ 주문, 배송 요일: 월, 화, 수 주문받고 수, 목, 금 배송하는 일정

* 지정된 전화 연결일에 오전 9시에서 오후 4시 사이에 전화 주십시오.
* 최소 주문: 25달러(서비스 비용 제외)
  └ ❹ 추가 정보: 전화는 9시부터 4시 사이 지정된 날짜에 해야 하며, 최소 25달러 주문

Hi, this is Marie Robertson. I need to order some groceries for my potluck dinner party next week, but I can't find a delivery schedule on your website. I was hoping you could answer a few questions for me.

안녕하세요. 저는 마리 로버트슨이라고 합니다. 저는 다음 주에 있을 저녁 식사 포트럭 파티를 위해 식료품을 좀 구매하려고 하는데 웹 사이트에서 배달 일정표를 찾을 수가 없었습니다. 몇 가지 질문에 대해 대답을 해 주셨으면 합니다.

Question 7

Can I order some groceries by telephone?

전화로 식료품을 주문할 수 있나요?

15초 답변하기

Yes, you can order groceries by phone. Please call between 9 a.m. and 4 p.m. on your designated order day. [Level 7 추가 답안] You can call us at 301-372-3663.

네, 전화로 주문하실 수 있습니다. 지정 주문일의 오전 9시에서 오후 4시 사이에 전화 주세요. 301-372-3663으로 전화 주시면 됩니다.

Question 8

I heard that people living in Washington D.C. should make a call on Monday to order groceries. Am I right?

워싱턴 D.C.에 사는 사람들이 식료품을 주문하기 위해서는 월요일에 전화를 해야 한다고 들었습니다. 제 말이 맞나요?

15초 답변하기

I'm sorry, you are not right. When it comes to Washington D.C., the call-in day is scheduled on Tuesday and we deliver groceries to our customers on Thursday. [Level 7 추가 답안] It will take 2 days to pick it up after ordering.

죄송하지만 그렇지 않습니다. 워싱턴 D.C.의 경우 전화 가능한 날짜는 화요일이며, 목요일에 저희가 식료품을 손님께 배달해 드립니다. 주문하고 받으시는 데 이틀이 걸립니다.

Question 9

I want to place an order for my friend but I don't know the areas you deliver groceries to. Can you check where you deliver groceries, except Washington D.C.?

저는 친구를 위해서 식료품을 주문하고 싶습니다만, 어디까지 식료품을 배송해 주시는지 모릅니다. 워싱턴 D.C.를 제외한 식료품 배달 지역을 알려 주시겠어요?

30초 답변하기

If your friend lives in Prince George's County and Charles County, you can place an order for him on Monday. If he lives in Montgomery County, you

Question 11

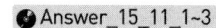

다음 연도 비용을 줄여야 한다고 가정해 보세요. 당신은 어떤 지출을 가장 먼저 줄이시겠습니까? 의복 구매, 문화생활, 건강과 운동

15초 준비 시간 활용하기

의견	health and exercise
이유	I will cancel my membership to ABC gym.
설명/ 예시	I will go out to the park and use lots of facilities such as sports facilities, running tracks and tennis courts.

60초 답변하기

To cut my personal budget for next year, I will cut the cost of my health and exercise expenses. For the first step, I will cancel my membership to ABC gym. It charges me over 100,000 won a month for membership. Rather than doing exercise there, I will go out to the park and use lots of facilities such as sports facilities, running tracks and tennis courts. Also, I can choose the mountain as the place for a workout. It offers me open space and fresh air so that I can feel refreshed during my workout. Plus, I can experience the feeling of achievement. [Level 7 추가 답안] When it comes to medical expenditures, I will try to have a regular checkup every year. It will help me catch problems earlier. As you know, you can spend a lot on the treatment to cure disease. Additionally, having regular meals and regular workouts will help me stay healthy and also stay in good shape as well. **Through these methods, I can easily cut next year's budget when it comes to my health and exercise.**

내년 생활비를 줄이기 위해서 저는 건강과 운동 비용을 줄일 것입니다. 첫 단계로, 저는 ABC 체육관의 회원권을 취소할 것입니다. 회원을 유지하기 위해 한 달에 10만 원이 듭니다. 거기서 운동하기보다는 공원으로 가서 운동 기구들이나 달리기 트랙, 그리고 테니스 코트와 같은 많은 시설을 이용할 것입니다. 또한, 저는 운동하기 위해 산을 선택할 수도 있습니다. 산에서는 탁 트인 공간과 신선한 공기가 있기 때문에, 운동하는 동안 기분이 전환되는 것을 느낄 수 있습니다. 더불어, 성취감까지 느낄 수 있습니다. 의료비와 관련해서도, 저는 정기 검진을 받도록 노력할 것입니다. 알다시피, 병을 치료하기 위해서는 더 많은 돈이 듭니다. 더구나 규칙적인 식사와 운동은 건강과 좋은 몸 상태를 유지하도록 도와줍니다. 이러한 방법으로 저는 내년 생활비를 쉽게 줄일 수 있습니다.

facility 시설 **workout** 운동 **achievement** 성취 **expenditure** 지출

15초 준비 시간 활용하기

의견	clothing shopping
이유	I will buy clothes at Internet shopping malls rather than a department store.
설명/ 예시	I can find relatively cheaply priced clothes more easily than in any other place.

60초 답변하기

Supposed I have to cut my budget for next year, I will save on clothing shopping costs first. There are several ways to cut the budget. For the first step, I will buy clothes at Internet shopping malls rather than a department store. Internet shopping malls always sell products at a reasonable price. I can find relatively cheaply priced clothes more easily than in any other place. Plus, I can easily use discount coupons as well. [Level 7 추가 답안] At the same time, I'll try to wear used clothes. Actually, I have an older brother. We only have a two-year age gap so I don't need to worry about the different trends in his age group. Luckily, we have a very similar body type so we are the same size. If he becomes sick and tired of some clothes, I will be willing to wear them. **Through this step, I can easily cut next year's budget.**

제가 내년 생활비를 줄여야 한다고 가정한다면, 저는 의복 구매 비용을 가장 먼저 줄일 것입니다. 비용을 줄이는 데에는 여러 가지 방법이 있습니다. 첫 번째 단계로, 저는 옷을 백화점보다는 인터넷 쇼핑몰에서 살 것입니다. 인터넷 쇼핑몰은 물건들을 항상 저렴하게 판매합니다. 저는 상대적으로 저렴한 가격의 옷을 다른 어느 곳보다 좀 더 쉽게 찾을 수 있습니다. 이에 더해, 저는 할인 쿠폰도 쉽게 사용할 수 있습니다. 동시에 저는 기존의 옷을 입으려고 노력할 것입니다. 사실, 저는 형이 있습니다. 저희는 두 살밖에 차이가 나지 않기 때문에 옷의 트렌드가 다를 거라는 걱정은 하지 않아도 됩니다. 운 좋게도, 저희는 비슷한 체형이라 치수도 같습니다. 만약 형이 옷에 싫증을 내면, 저는 기꺼이 그 옷을 입을 것입니다. 이러한 방법으로 저는 내년 생활비를 줄일 수 있습니다.

gap 격차

order groceries on Wednesday. [Level 7 추가 답안] It will take two days for the delivery, so on Wednesday or Friday, he will receive them.

귀하의 친구분이 프린스 조지스 카운티나 찰스 카운티에 사신다면 월요일에 주문하실 수 있습니다. 몽고메리 카운티에 사신다면 수요일에 주문하실 수 있습니다. 배송은 이틀이 소요되기 때문에 수요일이나 금요일에 친구분이 물건을 받아 보실 수 있으실 겁니다.

Question 10

🔊 Answer_15_10

Hello, this is Katherine Hwang, business instructor of Harvard College. This upcoming Friday, we will start our new semester. This morning, I accessed the admin web page to upload the syllabus and papers for the class. Everything seemed to be going well. However, to print the class book I checked the list of students, but there were only 10 students who will attend my class. I think the number 10 is not enough to open a class. In this case, this course has to be canceled due to the lack of minimum enrollment requirement. As you are the manager of the Students and Parents Support Division, please tell me how I should response to them. I will await your phone call.

안녕하세요, 저는 하버드 대학교의 비즈니스 강사 캐서린 황입니다. 이번 금요일에 새 학기를 시작합니다. 오늘 아침 수업용 강의 계획서와 자료를 올리기 위해 관리 웹 페이지에 들어갔습니다. 모든 것이 괜찮아 보였습니다. 그러나 학생들 이름을 확인하기 위해 출석부를 출력해 봤더니 제 수업에 참석하기로 한 학생이 딱 10명이었습니다. 수업을 개설하기에 10명은 충분하지 않은 인원으로 알고 있습니다. 이럴 때 최소 등록 인원 부족으로 수업을 폐강해야 한다고 알고 있습니다. 학생학부모지원과 부장이시니 제가 그들에게 어떻게 말해야 하는지 알려 주세요. 전화 기다리겠습니다.

instructor 강사 **syllabus** 강의 계획서 **enrollment** 등록

30초 준비 시간 활용하기

전화 건 사람	Katherine Hwang
나의 신분	manager of the Students and Parents Support Division
문제점	not enough students to open a class
요구 사항	tell me how I should response to them
해결책	push back the start of the class

추가 설명   You can gather more students.

60초 답변하기

Hello, Katherine. I'm returning your phone call. I received your voice message saying that you are facing some problem with your class. You told me that you should cancel your class because of a lack of student numbers, right? In this case, why don't you push back the start of the class first? If you extend the enrollment period a few more days, you can gather more students. During that period, if it's necessary, you can advertise your class on our college website. As more and more people become aware of your class, the number of students in your class will increase naturally. [Level 7 추가 답안] Otherwise, you should send your students e-mails explaining this situation. In your e-mail you should ask them, "Please look for another class replacing my class for next semester." To make sure it is done, please don't forget to make phone calls to each of them after sending the e-mail. If you need more help from me, please ask me no matter what it is.

안녕하세요, 캐서린. 회신 전화 드립니다. 수업 관련해서 겪고 있는 문제와 관련된 당신의 음성 메시지를 들었습니다. 학생 수 부족으로 수업을 폐강해야 한다고 하신 거죠? 이런 경우, 우선 개강일을 미뤄 보시면 어떨까요? 등록일을 며칠 더 연장한다면, 더 많은 학생을 모으실 수 있을 겁니다. 그 기간에 필요하다면 수업을 학교 웹 사이트에 홍보하실 수 있습니다. 점점 더 많은 사람이 당신의 수업을 알게 되면, 등록 인원도 자연스럽게 늘어날 것입니다. 그렇지 않으면, 학생들에게 이 상황을 설명한 이메일을 보내는 것은 어떨까요? 이메일에는 학생들에게 '제 수업을 대신할 수 있는 다음 학기 다른 강좌를 찾아 보세요'라고 요청하셔야 할 것입니다. 확실히 하기 위해서, 이메일을 발송하신 후에 학생들에게 개별 전화하시는 것도 잊지 마시고요. 저의 도움이 더 필요하시다면 무엇이든 요청하세요.

face 직면하다 **period** 기간

15호 문비 시간 활용하기

인기	cultural life
이유	I will try to watch a movie rather than a play or a concert.
근거/예시	When it comes to a movie, I can enjoy a movie with just $10.

60초 답변하기

If I have to cut the budget for next year, I can cut the expenditures of my cultural life. There are several methods I can use. Most of all, I will try to watch a movie rather than a play or a concert. The ticket prices of a play or concert are very expensive. I have to pay at least $50 per person. But when it comes to a movie, I can enjoy a movie with just $10. It's a lot cheaper than a play or a concert. [Level 7 추가 답변] On the top of that, I would lessen the frequency of watching movies. Now I go to see a movie or enjoy a play or a concert at least four times a month on average. I think it is too often. If I enjoy any of them just once in a month, I can cut entertainment costs in half or more. This is the way that I can cut the budget for next year.

제가 내년 예산을 줄여야 한다면 문화생활에 이용하는 비용을 줄일 수 있습니다. 제가 쓸 수 있는 여러 가지 방법들이 있습니다. 우선, 저는 콘서트나 공연보다는 영화를 볼 것입니다. 공연이나 콘서트 표는 매우 비쌉니다. 1인당 최소 50달러를 내야 합니다. 그러나 영화의 경우, 10달러만 있으면 영화를 즐길 수 있습니다. 이것은 공연이나 콘서트 표에 비해 훨씬 더 싼 것입니다. 게다가, 저는 영화 보는 횟수를 줄일 것입니다. 지금 저는 평균 한 달에 4번은 영화나 공연, 또는 콘서트를 즐기러 갑니다. 이것이 너무 잦은 것 같습니다. 제가 만약 한 달에 한 번씩만 즐긴다면 오락비용을 반 이상 줄일 수 있을 것입니다. 이것이 제가 내년 예산을 줄일 수 있는 방법입니다.

lessen 줄이다 **frequency** 횟수

스텔라 쌤의
파트별 필수 공략법

Part 1. Read a text aloud
문장 읽기

Part 2. Describe a picture
사진 묘사하기

Part 3. Respond to questions
듣고 질문에 답하기

Part 4. Respond to questions using information provided
제공된 정보를 사용하여 질문에 답하기

Part 5. Propose a solution
해결책 제안하기

Part 6. Express an opinion
의견 제시하기

Part 1. Read a text aloud (문장 읽기)

TOEIC® Speaking

Questions 1-2: Read a text aloud

Directions: In this part of the test, you will read aloud the text on the screen. You will have 45 seconds to prepare. Then you will have 45 seconds to read the text aloud.

TOEIC® Speaking — Question 1 of 11

This is Captain Kevin speaking. Welcome aboard flight 706 bound for Denver. We are scheduled to depart Vancouver in 5 minutes. Please fasten your seatbelts and put all luggage under your seats or into the overhead compartments. Before we take off, you are not allowed to use any types of electronic devices such as laptops, cellular phones, and MP3 players. Please enjoy your flight. Thank you.

PREPARATION TIME
00:00:45

RESPONSE TIME
00:00:45

1. 강조하기

Part 1에서 특정한 내용을 전달하는 **핵심적인 내용어(content word)**는 강조하여 읽는다. 반면에 관사와 전치사 등의 **기능어(function word)**는 내용에 비해 덜 중요한 경우가 많기 때문에 상대적으로 강하게 읽지 않도록 한다.

강조해야 하는 부분
- 내용어: 명사, 동사, 형용사, 부사, 의문사, 지시사, 주요 정보를 나타내는 시간과 숫자
- 명령문의 첫 동사, please, 목적어, 합성 명사의 첫 단어

강조하지 않아도 되는 부분
- 관사, 전치사, 접속사, 조동사, be 동사, 대명사(주격, 소유격, 재귀), 명사 대용어 one

ex **Please visit** our **website** to **register** for the **event**.
You can **check** one of your **reservations** by **calling**.

기능어이지만 의미상 강조하는 부분
- 부정어 not, 조동사 must, should, might, have to, 역접 접속사 but

2. 문장의 종류에 따라 억양 달리하기

- **평서문** This is Captain Kevin speaking. ↘
- **명령문** Don't forget to put your all luggage on the counter. ↘
- **Wh- 의문문** When do you usually drive your own car? ↘
- **Yes-No 의문문**
  Will you buy an electronic item from the second-hand store? ↗
- **감탄문** How beautiful you are in our shoes. ↘
- 단어나 문장이 **and**나 **or** 등 접속사나 관계 대명사로 연결될 때는 단어와 단어 사이, 문장과 문장 사이가 연결된다는 느낌이 들도록 아래와 같이 억양을 올려 말한다.
  I plan to take a trip to Australia, ↗ America, ↗ or Canada. ↘
  Before we depart, ↗ you should fasten your seatbelts.

3. 의미에 맞게 끊어 읽기

- 긴 주어 뒤, 쉼표 뒤
  The bag that you purchased / will be delivered within two days.
- 전치사 앞, 관계 대명사 앞, 세미콜론 앞
  He told me / that he will be late / for the meeting.

*여러 단어가 모여 하나의 뜻을 이루는 숙어와 전치사구, 고유 명사는 끊어 읽지 않는 것이 원칙이다.

I will <u>do my best</u> / for <u>Vision 2013</u>.
Don't forget to put your item / <u>in your shopping cart</u>.

Part 2. Describe a picture (사진 묘사하기)

Question 3: Describe a picture

Directions: In this part of the test, you will describe the picture on your screen in as much detail as you can. You will have 30 seconds to prepare your response. Then you will have 45 seconds to speak about the picture.

PREPARATION TIME
00:00:30

RESPONSE TIME
00:00:45

1. 사진 파악하기

30초의 준비 시간 동안, 사진의 의도, 즉 사진의 장소와 중심 대상, 주변 대상을 파악하고, 묘사에 필요한 표현이나 단어들을 간단히 영어로 말해 본다.

사진의 의도 파악

office lounge → in the foreground, two people → in the background, a woman → noon, spring
장소　　　　　중심 대상　　　　　　　주변 대상　　　　　마무리(느낌, 의견)

표현 정리

장소와 중심 대상, 주변 대상과 마무리에 활용 가능한 표현이나 단어들이 무엇인지 영어로 말해 보는 것이 중요하다. 30초의 준비 시간은 매우 짧기 때문에 새로운 표현들보다는 본인이 알고 있는 표현으로 간단히 정리해 보는 것이 좋다.

장소
- office lounge

중심 대상
- in the foreground, two people, standing near couches, wearing formal suits, attending an official event, facing and talking seriously
- a man, wearing glasses, putting his hands in his pockets
- In front of him, a woman, holding a bottle of water

주변 대상
- in the background, a woman, in a long dress, standing, watching TV, folding her hands on her back*, looks like a manager

마무리
- at noon, sunlight is coming
- spring, wearing long-sleeved clothes
- cozy and comfortable

*folding one's hands on one's back이라는 표현이 생각나지 않을 경우, '뒷짐 지다'라는 표현을 애써 언급하려 하지 말고 자신 있는 다른 부분을 재빨리 찾는 것이 좋다. 제시된 그림을 묘사하기 위해 우리가 활용할 수 있는 표현은 45초를 채우고도 남을 만큼 많기 때문이다.

2. 답변 틀

답변 시간이 45초로 세안석이기 때문에, 30초 준비 시간에 정리한 표현을 재빨리 이용해야 한다. 이때, 사진을 묘사하는 문장은 현재 시제와 현재 진행 시제를 쓰도록 한다. 평소 사진 묘사에 필요한 핵심 표현들을 익혀 두고, 각 부분에 알맞게 시간 분배하는 연습이 필요하다.

장소 > 중심적인 장소 언급	
5~10초 1 문장	문장 1 **I think this picture was taken** + [사진의 장소] ex **I think this picture was taken** in an office lounge. 이 사진은 사무실의 라운지에서 찍힌 것 같습니다. **It might be a picture taken** at the amusement park. 이것은 아마도 놀이공원에서 찍힌 사진 같습니다. **I guess this is a picture of** the airport. 이것은 공항의 사진인 것 같습니다. **This picture shows me a scene** at the beach. 이 사진은 해변의 모습을 보여 줍니다. **In this picture, I can see** an art museum. 사진에서 미술관을 볼 수 있습니다. **This is a picture of** a meeting room. 이 사진은 회의실을 찍은 것입니다.

중심 대상 > 출제자의 의도인 사진의 중심 대상 묘사	
15초 3 문장	문장 2 **The first thing I can see is (that)** + [사람(들)] + **(who) is/are 동사ing** ex **The first thing I can see is (that)** people **are** stand**ing** near the couches. 사진에서 가장 먼저 보이는 것은 사람들이 소파 근처에 서 있는 것입니다. **There are** people who **are** walk**ing** along the seashore. 해안가를 따라 걷는 사람들이 있습니다. **In the center of the picture,** three people are sitting around the table. 사진의 가운데에 세 사람이 테이블 주변에 앉아 있습니다. **What I can see first is (that)** a couple of people **are** play**ing** tennis. 가장 먼저 보이는 것은 두 사람이 테니스를 치고 있는 것입니다. *문장 1과 문장 2는 한 문장으로 결합하여 말할 수 있다. ex **In this picture, I can see** people **are** stand**ing in** an office lounge. 이 사진에서 사람들이 사무실의 라운지에 서 있는 것을 볼 수 있습니다.

문장 3, 4

중심 대상의 기본 동작과 옷차림, 머리 모양, 얼굴 표정, 시선 처리, 손발의 동작, 신분, 직업 등을 표현한다.

[사람(들)] (wearing/in (a/an) [복장]) + is/are 동사ing

ex A man **wearing** glasses **is** putt**ing** his hands in his pockets. A woman **in a** navy trench coat **is** hold**ing** a bottle of water with her both hands.
안경을 쓴 남자가 양손을 주머니에 넣고 있습니다. 남색 트렌치코트를 입은 여자는 두 손으로 물병을 쥐고 있습니다.

ex They **are** wear**ing** formal suits so they look like attending an official event. They are facing and talking about something seriously.
그들은 양복을 입고 있어서 공식 행사에 참여한 것으로 보입니다. 그들은 마주보고 심각하게 무엇인가에 대해 이야기하고 있습니다.

주변 대상 > 주변의 대상들 언급	
10~15초 2~3 문장	문장 5 **In the background of** **In the foreground of** ⎤ this picture, [사람(들)] + (wearing/in **On the right/ left side of** ⎦ (a/an) [복장]) + is/are 동사ing ex **In the background of this picture**, a woman **in a** long dress **is** stand**ing**. 사진의 배경에 긴 원피스를 입은 여자가 서 있습니다. 문장 6, 7 • 주어가 사람일 때 [사람(들)] + **is/are 동사ing** • 주어가 사물일 때 [사물] + **is/are (being) 동사ed** ex She **is** watch**ing** a TV on the wall. I guess she might be a manager monitoring here. 그녀는 벽의 TV를 보고 있습니다. 제 생각에 그녀는 이곳을 감시하는 매니저인 것 같습니다. ex Several tables **are** arrang**ed**. Indoor plants **are** plac**ed** at the corner of the room. 많은 테이블들이 정돈되어 있다. 실내의 화분들이 방의 구석에 놓여 있다.

마무리 〉 사진 속 계절, 시간, 분위기, 배경 등 자신의 생각 언급 (필수 문장은 아님)

5~10초	문장 8
1~2 문장	그렇게 생각하는 이유에 대해서도 언급한다.
	I can say it's
	I think it might be + [계절, 시간, 분위기, 배경] + [이유]
	It seems like
	ex I **think it might be** fall **because** people **are** wea**ring** long-sleeved clothes.
	사람들이 긴팔 옷을 입고 있고 있는 것으로 보아 가을인 듯합니다.

3. 중심 및 주변 대상 관련 표현

사람

옷으로 수식 + 기본 동작
A woman (who is) **wearing/in** a long dress is **standing** in a hall way.
긴 원피스를 입고 있는 여자가 복도에 서 있습니다.

머리
She **has** short curly **hair**. 그녀는 짧은 곱슬머리입니다.

표정
She **has a** serious **look** (to monitor something here).
그녀는 이곳의 무언가를 감시하는 심각한 표정입니다.

눈(시선)
She is **looking at** the right side (to watch TV hanging on the wall).
그녀는 벽에 걸린 텔레비전을 보기 위해 오른쪽을 바라보고 있습니다.

액세서리
She **has** a name tag (around her waist.) 그녀는 허리춤에 명찰을 달고 있습니다.

손, 발
She is **folding** her hands on her back. 그녀는 뒷짐을 지고 있습니다.

신분, 직업 or 장소 동사
I think she **might be a** manager (of the office lounge).
그녀는 이 사무실 휴게실의 매니저로 보입니다.

무리 지은 사람들
공통된 복장과 신분(직업) 및 동작들이 등장하는 경우가 많다.

A family **sitting around the table** is smiling. 한 가족이 테이블에 둘러앉아 웃고 있습니다.

A man and a woman **are sitting next to each other**.
한 남자와 한 여자가 서로 옆에 앉아 있습니다.

They are **standing in a circle**. 그들은 둥그렇게 둘러 서 있습니다.

People **are standing and waiting in line**. 사람들이 줄지어 서서 기다리고 있습니다.

A couple **is walking down** the street **side by side**. 한 커플이 나란히 거리를 걷고 있습니다.

People **are gathering** under the tent. 사람들이 천막 아래 모여 있습니다.

Attendees **are facing one another**. 참석자들이 서로 마주 보고 있습니다.

Many of them **are having conversations**. 그들 중 많은 사람들이 대화를 나누고 있습니다.

A daughter and a son **are talking to each other**. 딸과 아들이 서로 이야기하고 있습니다.

사물

The computers **are placed** in a row. 컴퓨터가 일렬로 놓여 있습니다.

The plants **are located** side by side. 화분이 나란히 놓여 있습니다.

The register is **set up** on the counter. 현금 출납기가 카운터에 설치되어 있습니다.

The chairs **are arranged** in an orderly way. 의자가 차례대로 정돈되어 있습니다.

The groceries **are displayed** on the shelves. 식료품이 선반에 진열되어 있습니다.

The lights **are hanging from** the ceiling. 조명이 천장에 매달려 있습니다.

The TV monitor **is attached to** the wall. TV 모니터가 벽에 붙어 있습니다.

4. 주의해야 할 말하기 팁

1) 주어를 수식하는 wearing을 본동사로 여겨, **주어를 두 번 쓰는 오류**를 조심한다.

   The woman wearing a navy trench coat, **she** is talking to him. (X)
   남색 트렌치코트를 입은 여자는 그에게 말을 하고 있다.

   ⇨ The woman in a navy trench coat **is** talking to him.

2) 겉모습과 관련된 표현의 **관사 사용**에 주의한다.

   The man in ( ) gray suit is standing near the couch. (X)
   회색 정장을 입은 남자가 소파 옆에 서 있다.

   ⇨ The man in **a** gray suit is standing near the couch.

   He is wearing **a** glasses. (X)
   그는 안경을 끼고 있다.

   ⇨ He is wearing glasses.

   She has **a** short gray hair. (X)
   그녀는 짧은 흰머리이다.

   ⇨ She has short gray hair.

3) 시제는 대부분 **현재 진행형**을 쓴다.

   She watch TV on the wall. (X)
   그녀는 벽에 있는 TV를 보고 있다.

   ⇨ She **is** watch**ing** TV on the wall.

4) 날씨나 계절을 나타내는 **비인칭 주어 it**을 쓴다.

   The weather might be sunny day.
   날씨는 맑을 것 같다.

   ⇨ **It** might be sunny day.

Part 3. Respond to questions (듣고 질문에 답하기)

TOEIC® Speaking

Questions 4-6: Respond to questions

Directions: In this part of the test, you will answer three questions. For each question, begin responding immediately after you hear a beep. No preparation time is provided. You will have 15 seconds to respond to Questions 4 and 5 and 30 seconds to respond to Question 6.

TOEIC® Speaking   **Question 4 of 11**

Imagine that an Australian marketing firm is doing research in your country. You have agreed to participate in a telephone interview about breakfast.

How often do you eat breakfast in a week?

RESPONSE TIME
00:00:15

TOEIC® Speaking   **Question 5 of 11**

Imagine that an Australian marketing firm is doing research in your country. You have agreed to participate in a telephone interview about breakfast.

What do you have for breakfast?

RESPONSE TIME
00:00:15

TOEIC® Speaking — Question 6 of 11

Imagine that an Australian marketing firm is doing research in your country. You have agreed to participate in a telephone interview about breakfast.

What do you consider most important when you choose a breakfast menu?
- Price
- Convenience
- Nutritional value

RESPONSE TIME 00:00:30

1. 답변의 첫 문장

Part 3는 화면에 문제가 제시되므로, 우선 질문을 눈으로 빠르게 훑으면서 **질문의 문장 성분을 그대로 활용하거나 약간 변형**하여 답하는 것이 좋은데, 문제의 요지를 놓치지 않거나 **시제 및 수 일치** 등 자주 범하는 오류를 피할 수 있다.

Q4 How often do you eat breakfast in a week? 1주일에 아침을 몇 번 먹습니까?

A I eat breakfast about two times in a week. 1주일에 두 번 아침을 먹습니다.

Q5 What do you have for breakfast? 아침으로 무엇을 먹습니까?

A I usually have simple food for breakfast such as kimbab, sandwich or bagel.
보통 김밥이나 샌드위치, 베이글 같은 간단한 음식을 먹습니다.

Q6 What do you consider most important when you choose a breakfast menu?
아침 메뉴를 고를 때 가장 중요하게 생각하는 것은 무엇입니까?
- Price 가격
- Convenience 편의성
- Nutritional value 영양가

A When I choose a breakfast menu, I consider convenience most important.
아침 메뉴를 고를 때 제가 가장 중요하게 생각하는 것은 편의성입니다.

2. 언제든지 활용할 수 있는 답변 틀

한 번도 깊이 생각해 본 적 없는 주제로 당황하고 고민하느라 머릿속이 백지인 상태에서 답변을 제대로 하지 못하는 경우가 많다. 아래와 같이 어떤 문제에도 써 먹을 수 있는 답변 틀을 숙지해 두면, 단순 정보를 묻는 4, 5번과 마지막 6번까지 응용하여 답할 수 있다.

Where	**Q** Where do you buy [상품]?	
	A I often buy [books] at online shopping malls/ department stores/ [book] stores.	
	Q Where do you [행동]?	
	A I usually [do stretching] at home/ in my office/ at the gym.	
	Q Where do you get information about [사물, 사건]?	
	A I get information about [fashion trends] through the Internet/ from magazines/ from my friends.	
When	**Q** When do you [행동]?	
	A I usually [go jogging] in the morning/ after work/ when I have free time.	
Who	**Q** Who do you [행동] with?	
	A I [take a walk] with my friends/ parents/ coworkers.	
	Q Who is in charge of [행동] in your [장소]?	
	A I am in charge of [purchasing office supplies] in my [office].	
How	**Q** How often do you [행동]?	
	A I [use public transportation] once a month/ once every two month/ twice a year.	
	Q How many [사물] do you have?	
	A I have more than fifty [baseball cards] because I am a big fan of Major League Baseball.	
	Q How much do you spend a month on [상품, 서비스]?	
	A I spend ten thousand won a month on [coffee].	

What	Q What things do you consider most important when buying [사물]?
	A When I buy [a bag], what I consider most important is its color/ brand/ price.

3. 문제가 나오기 전 브레인스토밍

4~6번은 답변 준비 시간이 따로 없고, 질문 음성이 끝나는 즉시 대답해야 하기 때문에 순발력이 요구된다. 따라서 화면의 Imagine that ~ 이하의 내용을 들려 주는 약 10초의 시간을 준비 시간으로 활용하여 **주제와 관련된 답변 소재와 표현을 브레인스토밍**하는 것이 고득점 전략이다. 문제 유형이 익숙하지 않은 응시자는 질문 예측이 어렵기 때문에 활용할 수 있는 답변의 소재들로 범위를 좁혀 놓는 것이 좋다. 이때, 한국말이 아닌 본인이 활용 가능한 영어 단어로 나열해야 한다.

> **ex** sandwich
> full of vegetables, tuna sandwich, in a bakery, with coffee, alone, before work
> 채소가 가득한, 참치 샌드위치, 제과점에서, 커피를 마시며, 혼자, 회사 가기 전에

4. 문장 추가하기

15초의 답변 시간이 주어지는 4, 5번은 2문장 이상, 30초의 답변 시간이 주어지는 6번은 3문장 이상 답변해야 고득점에 가까워질 수 있으므로 추가 문장이 필요하다.

유형 1. 예시 문장 덧붙이기

Q4 How often do you eat breakfast in a week?

A I eat breakfast about **two times** in a week.

> **ex** **Last week**, I ate breakfast **two times** in a week as usual.
> 지난주 저는 평상시처럼 아침을 두 번 먹었습니다.

유형 2. 육하원칙 정보 덧붙이기

Q5 What do you have for breakfast?

A I usually have **simple food** for breakfast such as kimbab, sandwich or bagel.

ex	
언제	**Also**, I eat it **on the way to school**. 또한, 저는 학교 가는 길에 아침을 먹습니다.
어디서	I **sometimes** eat it **in my class room**. 때로는 아침을 교실에서 먹기도 합니다.
누구와	I **sometimes** eat it **with my classmate**. 때로는 아침을 친구와 먹습니다.
왜	**That's because** I **have no time to cook**. 왜냐하면 요리할 시간이 없기 때문입니다.

유형 3. 쉬운 어휘로 문장 덧붙이기

Q6 What do you consider most important when you choose a breakfast menu?

A When I choose a breakfast menu, I consider **convenience** most important.

> **ex** **That's because** I **am** always **busy preparing** for the school.
> 왜냐하면, 아침에 학교 갈 준비로 바쁘기 때문입니다.
>
> I have to **take a shower**, put on **make-up** and be **dressed up**.
> 샤워와 화장도 해야 하고, 옷도 입어야 하기 때문입니다.
>
> It **takes about an hour** in the morning.
> 아침에 대략 1시간이 걸립니다.
>
> **That's why** I choose convenient meal every morning.*
> 이러한 이유로, 매일 아침 간단한 식사를 선택합니다.

*30초 이상의 답변부터는 결론으로 쓸 수 있는 표현들을 문장에 넣도록 한다.
That's why I like to say that it is a good idea.
이것이 바로 제가 좋은 생각이라고 하는 이유입니다.

So, I will recommend department stores to buy toys.
그래서 장난감을 사는 곳으로 백화점을 추천합니다.

Based on this(these) reason(s), I will do it alone.
이러한 이유(들)로, 저는 그것을 혼자 할 것입니다.

5. 주의해야 할 말하기 팁

1) 비교급을 말할 때 무조건 more만 넣지 않기

많은 학생들이 습관적으로 '비교급을 써야겠다'고 생각하면 바로 more을 붙인다. 3음절 이상의 형용사나 -ous, -ful 등 특별한 어미로 끝나는 형용사 앞에만 more을 붙인다는 것을 알고 있어도 실수를 하는 것이다. 차라리 비교급을 쓰고자 한다면 **much나 even을 붙이는 습관을 들이라**고 말하고 싶다. much나 even은 비교급을 강조하는 부사로, 일단 비교급 앞에 말하면서 **비교급의 정확한 표현을 확인하는 시간을 벌도록** 한다.

2) 과거를 나타내는 표현에는 반드시 과거 시제로 답하기

대부분 과거의 일을 예로 들어 추가 문장을 말하는 경우가 많은데, **문장의 시제를 과거 시제로** 하지 않아 감점을 받는 경우가 많으니 조심하도록 한다.

3) 빈도를 묻는 질문에 유용한 표현 알아 두기

How often ~?이라는 질문을 받으면 바로 once로 시작하는 응시자가 많다. 그런데 실제로 어떤 일을 할 때는 일주일이든 한 달이든, 한 번씩 하는 경우보다는 여러 번 하는 경우가 많다. every day처럼 **every 뒤에 원하는 빈도의 기간을 넣으면 답변하기가 훨씬 수월하다.** every two days(이틀에 한 번), every three months(세 달에 한 번), every two years(2년에 한 번) 하는 식이다.

4) usually와 함께 쓰이는 표현 알아 두기

빈도를 언급할 때 자주 하는 실수 중 하나는 usually를 다른 빈도 부사 always, often과 함께 쓴다는 것이다. usually의 '보통, 대개'라는 의미와 어울리는 빈도 부사라면 관계가 없겠지만, 응시자가 이를 구분하고 쓰는 경우는 드물다. usually와 다른 빈도 부사는 함께 쓰지 않는 것이 좋다. **usually는 every day나 every two years 등 빈도를 나타내는 다른 표현과 함께 쓰도록 하자.**

5) 활용도 높은 동사 prefer의 정확한 문장 구성 제대로 알기

- **prefer + to + 동사 원형** (비교 대상 없이) 무언가를 하는 것을 좋아한다.
  I prefer to teach students. 저는 학생들을 가르치는 것을 더 좋아합니다.
- **prefer + 동명사 A + to + 동명사 B** B하는 것보다 A하는 것을 더 좋아한다.
  I prefer reading to playing with friends. 저는 친구들과 노는 것보다 독서를 더 좋아합니다.
- **prefer + 명사 A + to + 명사 B** B보다 A를 더 좋아한다.
  I prefer coffee to milk. 저는 우유보다 커피를 더 좋아합니다.

Part 4. Respond to questions using information provided (제공된 정보를 사용하여 질문에 답하기)

TOEIC® Speaking

Questions 7-9: Respond to questions using information provided

Directions: In this part of the test, you will answer three questions based on the information provided. You will have 30 seconds to read the information before the questions begin. For each question, begin responding immediately after you hear a beep. No additional preparation time is provided. You will have 15 seconds to respond to Questions 7 and 8 and 30 seconds to respond to Question 9.

TOEIC® Speaking　　　**Questions 7-9 of 11**

New York City Building

Renovation Schedule
Apr. 25th ~ May. 10th

Date	Period	Details
April 25th	3 days	Paint walls
April 29th	2 days	Replace tables, desks and chairs
May 1st	5 days	Mop all steps from level 1 to 90
May 6th	3 days	Vacuum all rooms
May 9th	2 days	Arrange all facilities and equipment

* All employees must evacuate their offices during painting.

* During replacement, noise may cause work interruptions.

PREPARATION TIME
00:00:30

1. 표 파악하기

30초의 준비 시간 동안 화면의 표에 나오는 모든 단어와 문장을 읽으며 해석하지 않도록 한다. 막상 질문을 받으면 어떤 내용을 읽었는지, 어디에서 찾아야 하는지 기억나지 않는 경우가 많다. 표에 나온 중요한 단어를 위주로 점을 찍듯이 보고, 표의 전반적인 내용을 기억해 놓는 것이 질문을 예측하거나 질문을 듣고 필요한 정보를 빨리 찾는 데 도움이 된다.

New York City Building
Renovation Schedule
Apr. 25th ~ May. 10th

❶ 기본 정보: 4~5월 건물 보수 공지

❷ 날짜: 4월에 2개, 5월에 3개의 일정
❸ 기간: 짧게는 2일 길게는 5일, 총 15일간의 일정
❹ 세부 작업 내용: 페인트칠, 가구 재배치, 걸레질, 청소, 정리 정돈 등

Date	Period	Details
April 25th	3 days	Paint walls
April 29th	2 days	Replace tables, desks and chairs
May 1st	5 days	Mop all steps from level 1 to 90
May 6th	3 days	Vacuum all rooms
May 9th	2 days	Arrange all facilities and equipment

*All employees must evacuate their offices during painting.
*During replacement, noise may cause work interruptions.

❺ 기타 사항: 페인트칠하는 동안 비워 줄 것과 작업으로 인한 소음 방해가 있을 수 있음을 공지

2. Part 4 문제 유형 파악하기

1) 7번: 제목의 종합적인 정보나 하나의 키워드 관련 정보에 대해 묻는다. (응답 시간: 15초)

Q7 When is the first day of renovation? 보수를 시작하는 날은 언제인가요?

A The first day of renovation is April 25th. It will last through May 10th.
보수 첫날은 4월 25일입니다. 작업은 5월 10일까지 이어집니다.

주로 제목에서 확인되는 언제(When), 얼마나 오래(How long), 어디에서(Where)와 같은 종합적인 정보나, 하나의 키워드와 관련된 누가(Who), 무엇을(What), 몇 시에(What time)와 같은 기본적인 정보를 묻는다. 경우에 따라 화자와 관련된 문제를 묻기도 하니, **말하는 화자의 이름 또한 잘 들어야 한다.**

2) 8번: 7번과 같이 하나의 키워드 관련 세부 내용이나 기타 사항에 대해 묻는다. (응답 시간: 15초)

Q8 My manager told me we could hold an important meeting on **April 30th**. And he said it would be quiet on the day. Is that right?
제 상사가 4월 30일에 중요한 회의를 열 것이고 그날은 조용할 것이라고 하는데, 맞습니까?

A I'm sorry, but you have the wrong information. We will replace office furniture on April 30th so noise may cause work interruptions.
죄송하지만, 잘못된 정보를 가지고 계십니다. 저희는 4월 30일에 사무용 가구를 재배치할 것입니다. 그래서 소음으로 업무에 방해가 될 수 있습니다.

주로 하나의 키워드 관련 세부 내용이나 기타 사항에 있는 내용을 물으며 뒤에 Is that correct?, Is that okay?, Is that true?라고 자신이 갖고 있는 정보가 맞는지 확인한다. Part 4는 표 외에 질문은 화면에 제시되지 않으므로, 화자가 무엇에 대한 정보를 확인하려 하는지 잘 듣고, 언급된 정보의 일치 여부를 표에서 재빨리 찾아내야 한다. **대부분 화자가 묻는 정보가 틀린 경우가 많으므로**, I am sorry, but you have the wrong information/ that information is incorrect라는 표현으로 시작하면 더욱 적절한 답변이 될 수 있다.

3) 9번: 나열할 수 있는 정보(주로 3개)에 대해 묻는다. (응답 시간: 30초)

Q9 Could you tell me the renovation schedule **for May**?
5월의 보수 일정에 대해 이야기해 주시겠습니까?

A There are **three** renovations scheduled **for May**. On the first day of May, we will mop all steps from level 1 to 90. Five days later, we will vacuum all rooms, scheduled to take three days. Finally, we will arrange all facilities and equipment from May 9th to May 10th.
5월에는 3개의 보수 공사가 있습니다. 5월 1일에는 1층부터 90층까지 모든 계단을 닦을 것입니다. 5일 후에는 3일간 모든 방을 청소하는 일정이 있습니다. 마지막으로 5월 9일부터 10일까지 모든 시설 또는 장비를 정리할 것입니다.

9번은 표에서 공통되는 내용을 묻는 유형이다. 일정이나 발표자 또는 발표 주제에 공통되는 단어가 3번 등장하거나, 점심을 기준으로 오전과 오후 프로그램 등이 출제될 수 있다.

3. 자주 쓰이는 표현

1) 전치사

on	
요일	**on** Friday 금요일에
날짜	**on** April 4th 4월 4일에
건물의 층	**on** the 1st floor 1층에 **on** the 2nd floor basement 지하 2층에

at	
시간	**at** 10 a.m. 오전 10시에
(상대적으로) 좁은 장소 혹은 특정 장소	**at** City Hall 시청에서 **at** Boston Airport 보스턴 공항에서
in	
월과 주	**in** May 5월에 **in** the last week of January 1월 마지막 주에
(상대적으로) 넓은 장소	**in** the International Conference Hall 국제회의장에서
밀폐된 공간, 실내	**in** Room A A방에서

기간을 나타내는 전치사

The renovation is scheduled **from** 9 a.m. **to** 7 p.m.
보수 공사가 오전 9시부터 오후 7시까지 예정되어 있습니다..

I will be there **by** tomorrow. 내일까지 그곳에 가겠습니다.

Let's hold a party **until** midnight. 파티를 자정까지 열도록 합시다.

You will receive the item **within** 2 days. 귀하의 물건을 이틀 내로 받으실 수 있습니다.

The lecture will start **in** 10 minutes. 강의는 10분 후 시작합니다.

The event will last **for** 3 days. 행사는 3일 동안 진행됩니다.

After lunch, three sessions are planned. 점심 후에 3개의 세션이 계획되어 있습니다.

During the presentation, we will distribute handouts.
발표하는 동안에 유인물을 나눠 드릴 것입니다.

*문장에서 전치사구의 순서는 주체 → 장소 → 시간의 순서임을 기억하자.
<u>A meeting given by ABC Company will be held in the ABC Conference Hall on May 1st.</u> ABC 사가 주최하는 회의가 ABC 대회의장에서 5월 1일 열릴 것입니다.

2) 문장을 시작할 때 (주로 9번, 30초 답변에서)

도입부	**There are** + [나열할 항목의 개수]
첫 번째 항목	**The first one is/ First/ First of all/ One is/ To begin with** + [첫 번째로 언급할 항목]
두 번째 항목	**The second one is/ Secondly/ Another is/ And then/ After that/ Also/ In addition** + [두 번째로 언급할 항목]
세 번째 항목	**The last one is/ Finally/ The other is/ Last** + [세 번째로 언급할 항목]

3) 대표적인 주어와 동사

There
There is a music concert on Sunday. 일요일에 음악 콘서트가 있습니다.
We
We have 3 days of festivals in May. 5월에 3일간의 축제가 있습니다. **We offer an** ABC session for you. 여러분께 ABC 세션을 제공합니다. **We provide** you with an ABC event. 여러분께 ABC 행사를 제공합니다.
You
You can have an ABC session on Monday. 월요일에 ABC 세션에 참석하실 수 있습니다. **You can enjoy** the cooking festival. 요리 축제를 즐기실 수 있습니다. **You can participate/ attend/ take part in** the class. 그 수업에 참석하실 수 있습니다. **You can meet** Sandy at the ABC session. ABC 세션에서 샌디를 만나실 수 있습니다.

표에 제시된 명사

The date is April 1st. 날짜는 4월 1일입니다.

The time is 9:30 a.m. 시간은 오전 9시 30분입니다.

The speaker is Tom. 발표자는 톰입니다.

The venue is at the Circular Auditorium. 장소는 서큘러 강당입니다.

An ABC presentation is held at the end of the meeting.
ABC 발표는 회의의 마지막에 열립니다.

An ABC event is scheduled for Friday. ABC 행사는 금요일에 예정되어 있습니다.

A group discussion is planned for 9:00 a.m. 그룹 토론은 오전 9시에 계획되어 있습니다.

A concert is performed by Jackson. 콘서트는 잭슨이 공연합니다.

An ABC performance lasts(runs) from 9:00 a.m. to noon
ABC 공연은 오전 9시부터 정오까지 진행됩니다.

The opening ceremony starts(begins) at 1:00 p.m. 개막 행사는 오후 1시에 시작합니다.

The ABC session finishes(ends) at 5:00 p.m. ABC 세션은 오후 5시에 끝납니다.

표에 등장한 인물

Mike **is in charge of** giving a presentation. 마이크가 발표를 맡고 있습니다.

Jessica **lectures** about the environment. 제시카가 환경에 대해 강연합니다.

Steve **gives a presentation** about job searches. 스티브가 구직에 대한 발표를 합니다.

Kellogg **speaks** about cereals. 켈로그가 시리얼에 대해 이야기합니다.

North **leads** the last part of the presentation. 노스가 발표의 마지막 부분을 진행합니다.

The CFO **will attend** this event. 재무 담당 최고 책임자가 이 행사에 참석합니다.

4) 시제

표에 제시된 정보에 대해 말할 때는 보이는 정보를 그대로 전달하면 되므로, 현재 시제를 주로 활용한다. 그리고 앞으로 일어날 사항에 대해서는 will과 같은 조동사를 이용해 미래 시제로 말해도 좋다.

The first speech **is** about protective gear. 첫 연설은 안전 장비에 대한 내용입니다.

Fred **will** attend the discussion as a leader. 프레드는 리더로서 토론에 참석할 것입니다.

Part 5. Propose a solution (해결책 제안하기)

TOEIC® Speaking

Question 10: Propose a solution

Directions: In this part of the test, you will be presented with a problem and asked to propose a solution. You will have 30 seconds to prepare. Then you will have 60 seconds to speak.

In your response, be sure to
- show that you recognize the problem, and
- propose a way of dealing with the problem.

TOEIC® Speaking

TOEIC® Speaking **Question 10 of 11**

Respond as if you are the manager of the bookstore.

In your response, be sure to
- show that you recognize the problem, and
- propose a way of dealing with the problem.

PREPARATION TIME
00:00:30

RESPONSE TIME
00:01:00

1. 전화 메시지 듣기

Hi, this is Andrew Jackson. I ordered the book, *How to Manage Your Business*, from your online bookstore and I received it two days ago. Actually, I purchased the book as a textbook for my class. But, I think I have a problem with the book. The title was correct. However, while I was reading it during class, I noticed that some of the charts and figures in my book were completely different from my classmates. After examining the book more carefully, I found that it was published in 2009, not 2013. This is an old version. Although I have taken notes on the pages, I want to exchange it for the latest edition. Since my major often deals with a number of statistics including diagrams and charts, it is important for me to have the latest information. As you are the manager of the store, you can understand my situation. I really need the latest one for my next class. Please let me know what you will do for me. I look forward to your call. Thank you.

❶ 메시지를 남기는 사람은? 책 구매자
❷ 메시지를 받는 사람은? 서점의 관리자
❸ 화자의 요구 사항은? 책 교환

안녕하세요. 저는 앤드류 잭슨이라고 합니다. 저는 〈사업 경영 방법〉이라는 책을 귀사의 인터넷 서점에서 구입했고, 이틀 전에 받았습니다. 사실, 저는 그 책을 수업용 교재로 구입했습니다. 그런데 책에 문제가 있습니다. 제목은 맞습니다만 제가 수업 시간에 그 책을 읽다가 책에 있는 그래프와 수치들이 제 친구들의 책에 있는 내용과 완전히 다르다는 것을 알게 되었습니다. 책을 자세히 살펴보고 저는 책이 2013년이 아니라 2009년에 출판된 것을 알았습니다. 옛날에 나온 책이라는 겁니다. 책 페이지에 필기를 했지만, 최신 판으로 바꾸고 싶습니다. 제 전공은 종종 표나 그래프를 포함한 통계를 많이 다루기 때문에 최신 정보를 갖고 있어야 합니다. 온라인 서점의 책임자이시니 제 상황을 이해하실 수 있을 것입니다. 다음 수업에 최신에 나온 책이 정말 필요합니다. 제게 해 주실 수 있는 일을 알려 주세요. 전화 기다리겠습니다. 감사합니다.

대답을 하기 위해 전화 내용을 모두 기억하려고 애쓰지 말자. 받아쓰기를 할 수 없는 상황에서 그 많은 내용을 기억할 수 있는 사람은 없고, 들었던 내용을 모두 말한다고 높은 점수를 받는 것도 아니다. 메시지의 전반적인 내용을 이해하여 연관성 있는 해결책을 제시하는 것이 중요하다. 메시지의 내용을 전부 알아듣지 못했다면, 메시지의 핵심 문제만이라도 반드시 들어야 한다. 문제와 관련한 내용은 **But, However, The problem is, Unfortunately, Actually, By the way**와 같은 연결어 뒤에 등장한다. 문제점을 주의 깊게 들으면 해결책의 재료가 확보된다.

2. 해결책 생각하기

전화 메시지에서 들었던 핵심 내용(메시지를 남기는 사람, 메시지를 받는 사람의 신분, 문제점이나 요구 사항)과 문제에 대한 해결책 하나를 30초의 준비 시간 동안 짧은 문장 혹은 구의 형태로 떠올려, 답변에 이용할 준비를 해야 한다. 이때, **자기가 자신 있는 영어 표현을 이용하는 것이 중요하다.** 아무리 한국말로 정리가 되었더라도 영어로 표현하는 것은 힘들 수 있기 때문이다. 해결책은 아주 독창적이거나 신선한 것을 만들어 내려고 하기보다 **나의 수준에 맞는 어휘로 간단한 문장을 준비하도록 하자.** 10번은 응시자가 제시한 해결책의 독창성을 평가하지 않는다. 적절한 해결책을 생각한 후, 실제 답변에서는 해결책을 뒷받침해 줄 문장을 추가하여 더 설득력 있게 답변하도록 한다.

준비 시간 동안 정리해야 할 내용	
전화 건 사람	Andrew Jackson
나의 신분	manager of the bookstore
문제점	an old version of the book
요구 사항	change it to the latest one
해결책	If you want, we can send the correct book today by special delivery.

자신 있게 말할 수 있는 표현으로 추가 설명 준비	
주소 확인	Can I send the item to the address that I sent before?
배송 일정	You will receive the book by tomorrow morning.
배송 요금	You don't have to pay an extra charge for this service.
요청 사항	After you get it, please return the other book.

3. 60초 답변에 활용할 수 있는 틀

첫인사	
5초 1 문장	**문장 1** **Hello,** [메시지를 남긴 사람 이름], **This is** [자신의 직책] **of** [회사, 부서명] 메시지에서 들은 사람의 이름을 부르고, 답변자의 이름이나 소속, 직책을 말한다. ex **Hello,** Mr. Jackson. **This is** the manager **of** the bookstore. 안녕하세요, 잭슨 씨. 서점의 매니저입니다. Hello, Tom. This is Stella **who is in charge of** this problem. 안녕하세요, 톰. 이 문제의 담당자인 스텔라입니다. Hello, Tom. This is Stella **from** ABC Company. 안녕하세요, 톰. 저는 ABC 회사의 스텔라입니다. Hello. **I'm returning your phone call.** 안녕하세요. 답신 전화드립니다.

문제 요약	
10~15초 2~3 문장	**문장 2** **I received your message saying that you have a problem with** [상품, 서비스] 메시지에서 언급된 핵심 문제에 대해 말하는 가장 중요한 부분이다. ex **I received your message saying** you have a problem with the book you ordered. 귀하가 주문한 책에 문제가 있다고 말씀하신 메시지를 받았습니다. **I received your message about** your missing briefcase. 고객께서 잃어버린 서류 가방과 관련하여 남기신 메시지를 들었습니다.

I received your message asking me some ideas on how to deal with the plan for the party.
파티 일정을 어떻게 처리해야 하는지에 대해 의견을 구하시는 메시지를 받았습니다.

In your message, you said you didn't receive the book you wanted.
메시지에서 귀하는 원하셨던 책을 받지 못했다고 하셨습니다.

문장 3

I apologize for [불편을 끼친 원인, 문제점]
문제 상황에 대해 사과나 위로를 해야 할 경우에 쓴다.
ex **I apologize for** any inconvenience you may have experienced or that we may have caused.
불편을 끼쳐 죄송합니다.

I am sorry to hear that. 그 말씀을 들으니 유감입니다.

Please accept my apologies for your inconvenience.
불편을 끼친 점에 대한 사과를 받아 주세요.

문장 4

After checking [상황, 주문서, 일정, 문제 등], **I found that** [문제의 원인]
어떤 원인으로 문제가 생기게 되었는지 알릴 경우 좋은 표현이다.
ex **After checking** your invoice on our website, **I found that** a new staff member sent you an old version.
귀하의 주문서를 웹 사이트에서 확인해 본 결과 저희 신입 직원이 구판을 보내 드렸더군요.

I checked the lost and found center. **Luckily I found** yours and we are keeping it now.
분실물 센터를 확인해 보니 다행히 귀하의 물건을 찾아, 현재 저희가 보관 중에 있습니다.

I looked into the situation and learned the noise was coming from the construction site.
상황을 파악해 본 결과, 저는 그 소음이 공사 현장에서 들려 온 것임을 확인했습니다.

After I confirm our reservation schedules, **I found out that** you could hold your event in different condition.
저희 예약 스케줄을 확인해 보니, 고객님께서 다른 조건으로 행사를 진행하실 수 있음을 확인했습니다.

해결책 및 추가 설명		
30초 2~4 문장	문장 5~8	**You don't need to worry about that because** [해결책] + [추가 설명] **Here's my solution, why don't you** [해결책] + [추가 설명]? 문제를 해결할 방법이 있다고 상대를 안심시킨 후, 해결책과 구체적인 추가 설명을 해야 설득력이 있다. ex I will **send** you the right book to you. 저희가 맞는 책을 보내 드리겠습니다. You can receive the book **within 2 days**. 고객님께서는 이틀 안에 책을 받아 보실 수 있으십니다. After receiving the book, please **return the wrong book to us**. 책을 받고 나시면, 잘못된 책을 돌려보내 주시기 바랍니다.
마무리		
5~15초 1~4 문장	문장 9	**To compensate for your inconvenience**, [보상, 추가 혜택] 경우에 따라 불편을 끼친 점에 대해 보상할 것이나 추가적인 혜택을 말해 줘도 좋다. ex **To compensate for your inconvenience**, I will give you a free coupon towards your next purchase. 불편을 보상하기 위해 다음 구매에 이용하실 수 있는 무료 쿠폰을 보내 드리겠습니다.
	문장 10	**Again, this is** [답변자의 이름]. **Thank you for choosing** [회사명] 비즈니스 상에서는 답변자의 이름과 소속, 직책에 대해 다시 한 번 말해도 좋다. ex **Again, this is** Nancy Parker. **Thank you for choosing** our bookstore. 저는 낸시 파커입니다. 저희 서점을 이용해 주셔서 감사합니다.
	문장 11	비즈니스 상에서 좋은 인상을 남길 수 있는 덕담을 남기는 것도 좋다. ex I hope we can continue serving you in a near future. 차후에도 계속적으로 모실 수 있길 바랍니다.

We will try not to make this kind of mistake again.
더 이상 문제가 생기지 않도록 노력하겠습니다.

I hope you will be satisfied with our suggestion.
저희의 제안에 만족하시길 바랍니다.

문장 12

If you have any questions, please feel free to [연락 방법]
문의 사항이나 도움이 필요하면 연락을 달라는 말로 마친다.
ex **If you have any questions, please feel free to** call me. You can reach me at (210) 123-3456.
추가 질문이 있으시면 (210) 123-3456로 언제든지 전화 주시기 바랍니다.

4. 해결책으로 자주 활용되는 아이디어

1) 보내 주거나 방문하라는 해결책
If that's okay, please **visit** our store. (I will send it to you. *왼쪽 표의 해결책 참고)
가능하시면, 저희 서점을 방문해 주시기 바랍니다. (제가 그것을 보내 드리겠습니다.)

추가 문장

주소	You can check our **location** on our website in detail. 저희 위치는 저희 홈페이지에서 확인하실 수 있습니다.
시간	Our **business hours** are from 10 a.m. to 9 p.m. 저희 영업 시간은 오전 10시부터 오후 9시까지입니다.
할 일	When you visit our store, don't forget to bring your receipt. 저희 상점을 방문하실 때, 영수증 지참하시는 것을 잊지 마세요.

2) 일정을 변경하라는 해결책
If you **change** the **date/ location/ time** of the event, we can set all things for you.
행사의 날짜를/ 장소를/ 시간을 바꾸실 수 있으시다면, 저희가 모든 것을 준비해 드릴 수 있습니다.

추가 문장

제안	If you **push it back a day**, you have no problems to hold your event. 만약 하루를 늦춰 주시면, 그 행사를 주최하시는 데 문제가 없으실 겁니다.
세부 내용	But please check that the **high season** begins from that day. 하지만 그날부터 성수기가 시작된다는 것을 확인해 주시기 바랍니다.

추가 요금　Under the new condition, we apply **different rate of fare** for your event.
새로운 조건에 따라, 귀하의 행사에 대해 다른 요금이 적용됩니다.

변경 요금　Since it is short notice, you have to pay **extra charges**, give or take $100.
너무 임박해서 말씀해 주셨기 때문에 추가 비용 약 100달러를 내셔야 합니다.

3) 결정 사항을 공지하라는 해결책

상황에 맞는 적절한 해결책을 한 문장 정도로 제시한 이후에 추가 문장의 내용을 해결책 뒤 문장으로 활용한다.

추가 문장

공지　After making a decision, don't forget to **post** this change/ new policy/ this notice on our website.
결정하신 후, 웹 사이트에 변경 사항/ 새로운 정책/ 공지사항을 공지하는 것을 잊지 마시기 바랍니다.

Then all employees/ customers/ residents can **recognize** it easily.
그러면 모든 직원들이/ 고객들이/ 거주자들이 쉽게 그것을 알 수 있을 것입니다.

You might **have no big trouble** to apply/ introduce/ hold it.
그것을 적용/ 소개/ 진행하시는 데 큰 문제가 없으실 것입니다.

4) 제시한 해결책과 관련된 누군가를 소개하는 해결책

상황에 맞는 적절한 해결책을 한 문장 정도로 제시한 이후에 추가 문장의 내용을 해결책 뒤 문장으로 활용한다.

추가 문장

소개　You have no big trouble to hold the event.
그 행사를 진행하시는 데 큰 문제가 없으실 것입니다.

If you're interested in my suggestion, I will **introduce** my friend to you.
저의 제안에 관심이 있으시면, 제 친구를 소개해 드리겠습니다.

Her name is Jane, an **expert** of the field with full experiences.
그녀의 이름은 제인이고, 그 분야에 경험이 많은 전문가입니다.

You can **reach** her at 201-392-2381 directly.
201-392-2381로 전화하시면 직접 통화하실 수 있으실 겁니다.

Part 6. Express an opinion (의견 제시하기)

Question 11: Express an opinion

Directions: In this part of the test, you will give your opinion about a specific topic. Be sure to say as much as you can in the time allowed. You will have 15 seconds to prepare. Then you will have 60 seconds to speak.

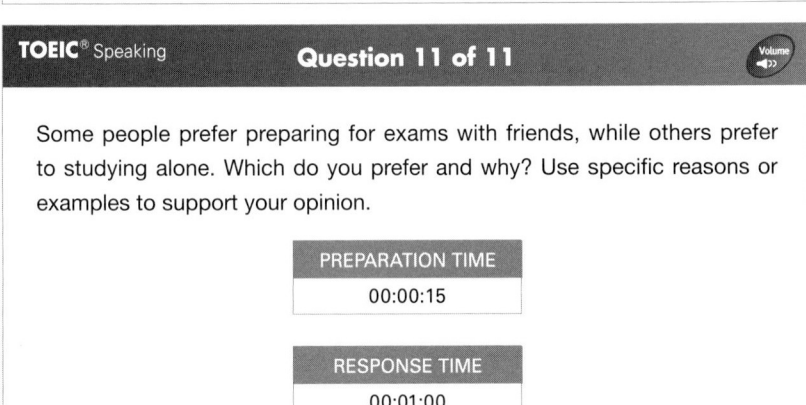

Some people prefer preparing for exams with friends, while others prefer to studying alone. Which do you prefer and why? Use specific reasons or examples to support your opinion.

1. 질문 파악 후 입장 선택하기

> 어떤 사람들은 친구들과 시험을 준비하는 것을 좋아하는 반면, 다른 사람들은 혼자 공부하기를 좋아합니다. 당신은 어느 쪽을 선호하고, 그 이유는 무엇인가요? 구체적인 이유나 예를 들어 의견을 뒷받침하세요.

제시되는 질문을 화면에서 보고, 들으면서 어떤 유형의 질문인지 파악한다. 자신의 경험이나 선호도에 비추어 입장을 정해 의견을 말하려고 하지 말자. 60초라는 긴 답변 시간을 채우기 위해서는 상식적으로 근거와 이유가 많은 입장을 선택하는 것이 말하기에 좋다. 15초의 준비 시간에는 자신이 정한 입장에 맞추어 2개 정도의 이유와 이를 뒷받침하는 근거나 예를 떠올린다. 이때, 완전한 영어 문장이 아닌, 자신 있는 간단한 영어 표현을 생각해 내는 것이 중요하다.

친구와 함께 공부하기	혼자 공부하기
이유 1 can get answers to problems from my friends. 모르는 것을 친구에게 물어 볼 수 있다. 설명/ 예시 could learn how to solve difficult problems from them. 어려운 문제를 푸는 방법을 그들에게서 배울 수 있다. 이유 2 don't feel bored, even though I am studying alone 혼자 공부하더라도 지루하지 않다. 설명/ 예시 We chat during break time. 쉬는 시간을 이용해 가벼운 대화를 한다.	이유 1 prepare for tests anytime I want 원하는 시간에 공부할 수 있다. 설명/ 예시 don't need to find a location for my study group 함께 공부하기 좋은 장소를 물색할 필요가 없다. 이유 2 easier to concentrate on my studies 자기 공부에 집중하기가 더 쉽다. 설명/ 예시 No one makes noise or disturbs me. 아무도 시끄럽게 하거나 나를 방해하지 않는다.

2. 60초 답변에 활용할 수 있는 틀

의견	
5~10초 1 문장	**I prefer** [더 선호하는 것] **to** [선호하지 않는 것] **I would agree/ disagree with the statement that** [제시된 내용] ex **I prefer** studying with friends **to** studying alone. 저는 혼자 공부하는 것보다 친구들과 함께 공부하는 것을 선호합니다. **I think** a nuclear family **is better than** an extended family. 제 생각에 대가족보다 핵가족이 더 나은 것 같습니다. **I think** growing flowers **is a good idea**. 화초를 기르는 것은 좋은 생각인 것 같습니다. **The most important thing is** the speed of delivery service. 가장 중요한 것은 배달의 신속함입니다.

이유 1 + 설명/ 예시	
15~20초 3~4 문장	**The first reason is that** [이유 1] ex **The first reason is that** I can get answers to problems from my friends. 첫 번째 이유는 친구들에게 문제의 답을 얻을 수 있습니다. **Most of all,** you can be a social person. 무엇보다, 사교적인 사람이 된다는 것입니다. **First**, you can shorten the project's amount of time. 우선, 프로젝트의 기간을 단축시킬 수 있습니다. **For example/ instance,** [이유 1의 예시] ex **For example,** I could learn how to solve difficult problems from them. 예를 들어, 저는 친구들에게 어려운 문제를 푸는 법을 배울 수 있었습니다.

이유 2 + 설명/ 예시	
15~20초 3~4 문장	**The second reason is that** [이유 2] ex **The second reason is that** I don't feel bored, even though I am studying alone. 두 번째 이유는 저는 혼자 공부하더라도 지루함을 느끼지 않습니다. **Another reason is that** I never make mistakes. 다른 이유는 저는 절대로 실수를 하지 않는다는 것입니다. **Secondly**, I can think about my next job. 둘째로, 다음 직업에 대해 생각해 볼 수 있습니다. **Additionally**, it helps me fall asleep more easily. 더구나, 제가 더 쉽게 잠을 수 있도록 도와줍니다. **Moreover**, meeting famous actors is possible after the show. 게다가, 공연 후에 유명 배우들을 만나는 것이 가능합니다. **To be specific/ More specifically,** [이유 2의 설명] ex **To be specific,** we chat during break time. 자세히 말해, 우리는 쉬는 시간을 이용하여 간단한 대화를 합니다.

마무리 〉 자신의 주장을 다시 한 번 언급	
5~10초 1 문장	**Based on these reasons**, [주장하는 내용] **Based on these reasons**, I like studying with my friends better than studying alone. 이러한 이유들 때문에 저는 혼자 공부하는 것보다 친구들과 공부하는 것을 더 좋아합니다. **Therefore**, I always spend my vacation with my family. 그러므로 저는 항상 가족들과 함께 휴가를 보냅니다. **For these reasons**, I consider who I will go together first. 이러한 이유들 때문에 저는 함께 가는 사람들을 먼저 고려합니다.

3. 어떤 주제에도 어울리는 이유

시간(time), **돈**(money), **편리함**(convenience)은 어떤 주장에도 뒷받침하기 좋은 이유들이다. 적절한 이유가 생각나지 않을 때는 이 세 가지 이유 중에서 골라, 주제와 주장에 맞게 응용하면 무난하게 답변을 마칠 수 있다.

친구와 함께 공부하기	혼자 공부하기
이유 1. time - I don't have to spend too much time answering a difficult question by myself. 혼자서 어려운 문제를 풀려고 시간 낭비를 할 필요가 없습니다. - I can shorten the time I spend studying because I study with my friends and they help me. 도와줄 친구들과 함께 공부하므로 시간을 절약할 수 있습니다.	이유 1. time - I can start studying for the test anytime I want. 아무 때나 시험공부를 시작할 수 있습니다. - I can spend my time flexibly. 시간을 유연하게 쓸 수 있습니다. - I don't need to arrange my schedule to fit my friend's schedules. 친구의 일정에 제가 맞출 필요가 없습니다. - I never waste time waiting for my friends. 친구를 기다리느라 시간을 낭비하지 않습니다.
이유 2. money - I can borrow books from my friends instead of purchasing new ones. 새 책을 사는 대신 친구에게 빌릴 수 있습니다.	이유 2. money - I don't need to pay for a reading room. 독서실에 돈을 지불할 필요가 없습니다. - I can save money to buy drinks for my friends. 친구들에게 음료수를 사 줄 돈을 아낄 수 있습니다.
이유 3. convenient, helpful - My intelligent friends can help me with my studies. 똑똑한 친구들이 제 공부를 도와줄 수 있습니다. - We share ideas and get better consequence. 아이디어를 모아 더 나은 결과를 얻을 수 있습니다.	이유 3. convenient, efficient - I don't need to make an appointment with my friends. 친구들과 약속을 잡을 필요가 없습니다. - I can study only subject I can't do well. 제가 못하는 과목만 공부할 수 있습니다.